역동서원

이병훈

한국국학진흥원 책임연구위원으로 재직하고 있다.『조선후기 경주 옥산서원의 운영과 역할』로 박사학위를 받았다. 주로 서원을 통한 조선후기 향촌사회사를 연구했다. 관련 학술서로『옥산서원』(2018),『만인의 청원, 만인소 운동과 그 기록』(2020),『조선시대의 문경』(2020),『성리학의 산실 구미의 서원을 말하다』(2021),『한국 서원의 로컬리즘』(2023) 외 다수의 공저가 있다. 최근에는 한국 서원의 가치 제고와 활용에 관심을 가지고 연구를 진행하고 있다.

한국의 서원 100선
○○③

역동서원

안동 최초의 서원

易東書院

이병훈

문예원

머 · 리 · 말

글로컬 문화공간, 한국의 서원 총서의 하나로 역동서원을 펴내게 되었습니다. 안동은 '한국 정신문화의 수도'라 불리며 수많은 서원이 자리한 곳입니다. 하지만 그중에서도 역동서원은 매우 특별한 의미를 지니고 있습니다. 이곳은 '안동 최초의 서원'이라는 역사적 사실과 더불어 퇴계 이황이 제향 인물 선정부터 부지 답사, 서원의 이름과 건물 명칭 하나하나를 직접 정하며, 건립의 모든 과정을 주관하였던 유일한 서원이기 때문입니다.

이 책을 집필하는 과정은 역동서원이라는 공간을 통해 그곳에 깃든 역동 우탁과 퇴계 이황이라는 두 거인을 다시금 만나는 여정이었습니다. 우탁은 우리가 흔히 고려 말 충신으로 기억하는 인물입니다. 충선왕의 비윤리적인 행위에 맞서, 목숨을 내놓고 도끼를 든 채 궐문 앞에 엎드렸던 '지부복궐상소'는 시대를 초월하여 불의에 타협하지 않는 선비의 강직한 절의節義가 무엇인지 보여주는 상징적인 사건이었습니다. 그래서 대부분의 사서와 인물평에서도 우탁의 절의만을 강조하고 있었습니다.

하지만 퇴계는 우탁의 그런 충절뿐만 아니라 그 이면에 감춰진 학문적 깊이를 꿰뚫어 보았습니다. 정이程頤(1033~1107)가 『주역』을 풀이했던 『정전程傳』이 처음으로 고려에 들어왔을 때 아무도 그 뜻을 제대로 풀지 못하였습니다. 이때 우탁은 홀로 문을 닫고 연구에 몰두하여 마침내 그 이치를 해득하고 후학을 가르쳤습니다. 퇴계는 바로 이 점을 주목하여 그를 공자와 맹자의 도를 이은 '동방 도학의 근원'으로 추앙하며 역사의 전면에 내세웠습니다. 퇴계가 직접 서원의 이름을 '역동易東'이라 지은 것은 이러한 존경심의 극치였습니다.

'역易이 동쪽으로 왔다'는 의미의 서원 명칭에는 우탁을 통해 비로소 성리학의 핵심인 역학易學이 우리 땅에 뿌리내렸다는 도통道統 의식이 담겨 있습니다. 그리고 퇴계는 '도道로 들어가는 문'이라는 뜻의 '입도문入道門', 현인을 숭상한다는 '상현사尙賢祠', 인륜을 밝힌다는 '명교당明敎堂' 등 건물의 이름 하나하나에 유학의 이상을 아로새기고, 원규를 제정했으며, 서원 창건의 취지와 공간의 의미를 정리한 기문을 직접 집필했습니다. 이처럼 역동서원은 퇴계의 교육 철학과 역사 인식이 오롯이 투영된 공간이었습니다.

하지만 이처럼 유서 깊은 역동서원의 역사는 순탄치 않았습니다. 퇴계를 제향하는 도산서원이 같은 고을인 예안에 건립된 이후 그 위상에 가려졌고, 결국 1871년(고종 8) 흥선대원군의 서원 철폐령으로 훼철되는 아픔을 겪어야 했습니다. 그로부터 100년 가까이 지난 1969년 역동서원은 유림의 노력으로 안동시 송천동에 복원되었고, 이후 건물과 부지가 국립경국대학교(舊 안동대학교) 경내로 편입되면서 기증을 하였습니다. 지성의 전당인 대학 캠퍼스 안에 고즈넉이 자리한 역동서원은 박제된 유적이 아니라 현재 교육과 문화 체험의 장으로 활용되고 있습니다. 100년의 공백을 넘어 되살아난 퇴계의 교육 정신과 우탁의 학문 자세가 오늘날에 맞게 계승된 사례라고 생각합니다.

이 책이 역동서원을 단순한 옛 건물이 아닌 우탁의 높은 학문과 굳은 절의, 퇴계의 깊은 뜻이 살아 있는 글로컬 문화공간으로 재조명하는 계기가 되기를 소망합니다. 끝으로 이 책이 세상에 나오기까지 많은 도움을 주신 분들께 감사의 마음을 전합니다. '한국의 서원 100선'이라는 뜻깊은 총서를 기획하고 지원을 아끼지 않으신 한국국학진흥원 정종섭 원장님과 고된 실무를 담당하신 이남옥 선생님, 권지은 선생님께 깊이 감사드립니다. 또한 지역의 소중한 문화유산을 보존하고 널리 알리는 데 항상 힘써주시고 지원해주신 안동시에도 감사의 뜻을 표합니다. 마지막으로 어려운 출판 여건 속에서도 멋진 책으로 엮어주신 문예원 오경희 대표와 편집부 여러분의 노고에 감사드립니다.

2025년 가을, 홍익의 집 연구실에서

이병훈 드림

차례

머리말 5

옛 역동서원의 흔적을 찾아서 11

서원을 세우는 기준과 제향인의 자격 25

동방 도학의 근원으로 추앙된 우탁 41

역동서원 보다 먼저 건립한 별묘 51

퇴계가 직접 세운 유일한 서원, 역동서원 59

역동서원의 운영과 위상 변화 71

스승의 자취는 지울 수 없으니 83

건물에 투영된 유학적 실천과 성현의 길 101

우탁의 행적 따라 세워지는 서원들 113

우탁의 정신이 이어지도록 하소서 131

참고문헌 141

옛 역동서원의 흔적을 찾아서

안동 최초의 서원인 역동서원易東書院은 퇴계退溪 이황李滉(1501~1570)의 발의와 지방 유림의 공의로 우탁의 학문과 덕행을 추모하기 위해 1568년(선조 1) 예안 부포리 오담鰲潭에(현재 계상고택) 건립하고, 1570년(선조 3) 위패를 봉안하였다.

역동서원이 건립되었던 오담은 1558년(명종 13) 2월, 성성재惺惺齋 금난수琴蘭秀(1530~1604)가 월천月川 조목趙穆(1524~1606)에게 서원 부지로 이곳을 추천하면서 알려졌다. 조목은 금난수와 함께 오담을 답사하고 이틀이 지나서 퇴계를 찾아가 이를 아뢰었다. 퇴계는 수일 후에 서신을 보내어 가까운 시일 내로 오담에 함께 가보기로 약속하였다. 4월 8일에 연락을 하고, 그날 저녁 무렵 계상溪上에 도착한 퇴계는 오담을 둘러보고 매우 흡족해하였다.

'오담烏潭'에서 돌아온 퇴계는 그곳의 명칭을 수정하면 좋겠다는 의견을 내었다. 즉 '까마귀 오烏'자의 뜻이 상서로운 까마귀[영오靈烏], 효성스런 까마귀[자오慈烏], 의로운 까마귀[의오義烏]로 일컫지만 끝내 그 의미가 천하고 싫어하는 의미라는 것이다. 퇴계는 마을에서 오래전부터 그렇게 불러왔기에 이름을 바꾸기는 어렵지만 글자를 고치는 것은 가능하다고 보았다.

그래서 기왕에 도道를 강론하는 학사學舍를 짓는다면 옛날 퇴재退齋 웅화熊禾(1253~1312)가 무이산武夷山에 오봉서당鰲峯書堂을 세운 것과 같이 글자를 고쳐서 '자라 오鰲'자로 하는 것이 좋겠다고 했다.[1] 결국 퇴계의 의견대로 글자가 변경되어 현재까지 '오담鰲潭'으로 쓰고 있다.

이황이 지은 「역동서원기」에는 서원의 위치와 주변 경관에 대하여 다음과 같이 설명하고 있다.

> 부지는 고을의 동북쪽 [우탁]선생의 옛집에서 10리 남짓한 거티에 얻었는데 그곳의 물을 오담鰲潭이라 한다. 실은 낙동강의 상류로서 태백산에서 발원하여 청량淸涼을 거쳐서 남쪽으로 흘러내려 여기에 이르러서 담潭이 되었다. 산은 동쪽으로부터 병풍갈이 둘러서 굽이쳐서 서쪽으로 뻗어오다 담에 임하여 멈추었고, 이에 구릉이 산을 의지하고 물을 굽어보며 굽이쳐 뻗어내려 널리 퍼져 스스로 형세를 이루어 먼 곳도 같고 가까운 곳도 같다. 봉만峯巒과 천택川澤이 읍揖을 하며 띠를 두른 듯한 장소이니 생각건대 사우를 지을 장소로 정하기에는 이와 바꿀 곳이 없다.[2]

1 李滉,『退溪集』卷23, 書,「答趙士敬問目(心經)」. "[別紙] 爲建學卜地 烏潭爲勝 所論皆有理 不知城主與諸君 曾俱見此說否 如未則須將此徧呈而決之 爲佳 但有一事 殊非所急 然漫及之 潭名用烏字 已定否 烏之爲物 雖有靈烏慈烏義烏之稱 然終是可賤惡 非佳物也. 如邑中仁里 亦有此稱 稱來已久 今卒難改 亦不須改爲 若此潭名 但俚音近烏耳 非前稱 今始定字 爲永世之號 豈無佳好可願之物 而須用此物耶. 然則何者爲可 愚意以鼇字何如 字書鼇訓海鰲 古有六鼇戴山之語 故山名多以鼇 況以水物名潭 豈不可耶. 昔熊退齋築鼇峯書堂 講道其中 然則以此字名學舍 古亦有之矣. 又其地名火衿 尤不雅 愚恐俚語火衿 與說橫字聲相近 今若改以橫丘橫原橫村之類稱之 則稍爲近雅 如何 然此等亦當僉議允愜而定之 乃可久遠無後議耳."

2 李滉,『退溪集』卷42, 記,「易東書院記」. "得地於縣東北距先生舊居十有餘里 其水爲鼇潭 實洛江上流 發源於太白 經淸涼而南注 至此而成潭 山之自東屛來者 蜿蟺西迤 臨潭而止 爰有丘陵 依山俯水 奧衍宏敞 自成形勢 若遠若近 峯巒川澤 控揖環帶 考卜定基之所 無以易此也."

역동서원 유허지 전경(안동시 예안면 부포리)(필자 촬영)

금난수와 함께 오담을 처음 방문하였던 조목은 서원 부지에 대하여 퇴계보다 더욱 자세하게 설명하고 있다.

> 금군琴君[금난수]과 나는 그 땅에 가서 배회하며 살펴보니 그 지세의 소재는 청량산으로부터 한 줄기 산맥이 서남으로 뻗어 내려오며 높아졌다 낮아졌다 하다가 갑자기 우뚝 솟아서 여기에 이르러 그쳤는데 영지치靈芝峙는 북쪽에 있고, 파둔산破鈍山은 남쪽에 옹립하고, 부용산芙蓉山은 서쪽에 수려하고, 취병산翠屛山은 동쪽에 솟았으니 사방을 둘러보면 구름이 낀 아득한 산들이 빙둘러 옹위하고, 앞에는 큰 시내가 임하였다. 이 시내는 분천汾川의 하류로 태백산으로부터 흘러서 청량산을 거쳐 수백리를 빙빙 둘러 이 굽이에 이르러 연淵을 이루었는데, 맑고 깊은 것이 구슬같이 푸르러 마치 신물神物이 그 가운데 사는 듯한데 이곳이 바로 오담鰲潭이다. 그 못[潭]가에 황무지

가 수십 경이 있어서 가히 농사를 짓고 살만하다.[3]

역동서원은 주변의 수려한 경관과 퇴계가 건립에 참여했다는 점, 그리고 그가 직접 쓴 현판으로 인해 퇴계의 자취를 찾아서 청량산과 도산서원을 들렀다가 방문하는 자들이 많았다.[4] 또한 낙동강변에 위치하였기에 강을 거슬러 뱃놀이를 하는 자들도 있었다. 당시의 풍광은 김광계金光繼(1580~1646)가 쓴『매원일기梅園日記』에 잘 나타나 있다.

> 무신년(1608, 선조 41) 5월 4일 광악이 역동서원에서 왔다. 대다수의 친구들이 흩어져 돌아갔다. 5월 5일 임보任甫·여원汝遠·광악과 함께 배를 띄워 역동서원에 갔다. 여러 친구를 만나볼 생각이었다. 한 군데 여울에 이르렀는데 물이 얕아 배가 갈 수 없어서 우리는 모두 옷을 벗고 배에서 내려 밀고 당기고 하였으나 역시 가지 않았다. 조금 있다가 역동서원의 여러 친구도 노를 저어서 물결을 거슬러 위로 올라왔는데 두 서원의 사람들이 힘을 합쳐 끌게 한 뒤에야 역동서원에 갈 수 있었다. 여러 친구는 구경립具景立, 이의경李毅卿, 권진보權進甫·신재臣哉·인재鄰哉, 이광전李光前, 임종보任宗甫,

3 趙穆,『月川集』卷5, 雜著,「易東書院事實」. “與琴君往遊其地 徘徊瞻眺 以窮其面勢之所在 山自清凉一枝西南來 逶迤起伏 振迅騰踔者至此而盡 靈芝峙于北 破鈍雄于南 芙蓉秀乎西 翠屏聳乎東 四顧雲山 合沓環擁 而前臨大川 川卽汾川 下流出乎太白 經于清凉崩奔數百里 至此匯而爲淵 澄深瑩碧 若有神物居于其中 卽所謂鰲潭也 潭上又有黃茅地數十頃 可以耕而食焉.”

4 졸고,「조선 유교의 성지, 안동 도산서원 순례」,『안동학』21, 한국국학진흥원, 2022.

윤응이尹應易였다. 이어서 두 배를 묶어서 강 가운데로 나아가 하류로 내려갔더니 역시 경치가 일품이었다. 날이 저물어서 돌아올 수 없기에 여러 친구와 함께 역동서원에서 잤다. 5월 6일 …(중략)… 역동서원에서 점심을 먹고 임보·여원·광악과 함께 도산서원에 돌아왔다.[5]

역동서원은 1684년(숙종 10)에 사액되어 위상이 한층 높아졌으나 1871년(고종 8)에 흥선대원군의 서원 철폐령에 의해 훼철되었다. 숙종이 사액한 현판은 유실되고 퇴계 선생이 쓴 '역동서원'과 '광명실光明室' 등의 현판이 전하고 있다.

5 金光繼,『梅園日記』3, 戊申(1608) 5月 4日~6日. "四日. 光岳自易東來 諸友多散去. 五日. 與任甫·汝遠·光岳泛舟往易院 擬見諸友 至一灘 水淺不能行舟 余等皆脫衣而出 推挽亦不行 已而易東諸友亦搖棹 泝流而上 使兩院人合力引之 乃行易院 諸友則具景立·李毅卿·權進甫·臣哉·鄰哉·李光前·任宗甫·尹應易也 仍結兩船 中流而下 亦一勝槩也 日暮不能還 與諸友宿易東. 六日. (權時正來見 食後欲還山院 而時正邀其家 時正·宗甫坐我等于樹陰 飮以濁醪 尹東賢·李景善亦在座矣.) 喫午飯于易院 與任甫·汝遠·光岳來山院 (日暮與光岳還家 晦叔已來矣.)"

역동서원 전경(국립경국대)(한국국학진흥원 제공)

구계서원(경북 경산시 영남대학교 민속촌)(필자 촬영)

일반적으로 서원은 제향인과 관련된 장소에 건립하였다. 우탁을 제향했던 충북 단양丹陽의 단암서원丹巖書院은 우탁의 본관이 단양이라는 연고로 세워졌다. 영해의 단산서원丹山書院은 우탁이 처음 지방관으로 부임하였던 곳이었으며, 안동의 구계서원龜溪書院은 우탁의 묘소가 있는 곳에 그를 추모하기 위하여 세워졌다. 이 서원들은 사액을 받지는 못했지만 해당 고을과 마을을 대표하는 곳으로서 향촌에서 높은 지위를 가지고 있었다. 이처럼 우탁을 제향하는 서원들은 각기 건립의 사유를 갖추고 있었다. 그러나 1868년(고종 5)의 훼철령이 내려왔을 때 모두 철거되었다.

역동유허비(2024)(한국국학진흥원 제공)

역동서원은 만년에 우탁이 예안으로 옮겨와 살았다는 연고로 건립되었다. 퇴계는 서원과 우탁의 거주지가 10리 떨어져 있다고 했는데, 우탁이 살았던 곳은 예안현 선양리宣陽里로 전해진다. 그러나 오랜 세월이 흐르면서 그가 살던 집은 사라지고, 그 터에 세웠던 유허비遺墟碑만이 전해진다. 이 유허비는 1789년(정조 13)에 처음 세워졌던 것으로 확인되는데 1880년(고종 17)에 이르러 새로운 비로 대체하거나 고쳐 새겨서 옮겼던 것으로 추정된다. 이 비석은 1973년 경상북도 유형문화유산으로 지정되었는데 안동댐 건설로 옛터가 수몰되면서 1975년에 와룡면 선양리에서 와룡면 오천리로 옮겼다. 그러다가 1999년 7월 12일에 현재 위치

역동유허비(1975)(국가유산청 제공)

역동서원유허비(필자 촬영)

[안동시 와룡면 퇴계로 1851]로 옮겼다. 이처럼 우탁의 옛 집터는 현재 안동댐에 수몰되었으며 그의 흔적은 유허비로만 전해지고 있다.

한편 우탁의 옛 집터에서 10리 떨어져 있던 부포리의 역동서원은 1871년(고종 8)에 훼철된 후 100년 동안 복원되지 못하였다. 그 사이 서원이 있었던 자리에 퇴계의 11대손인 계상繼尙 이만응李晩鷹(1829~1905)이 가옥을 짓고 거주하였는데 현재의 계상고택繼尙古宅이 그곳이다. 고택 앞의 부포들에는 이곳에 역동서원이 있었음을 알려주는 유허비가 세워져있다.

유허비가 세워진 옛날 역동서원이 자리했던 곳의 풍광은 북쪽의 청량산에서 흘러내린 낙동강이 도산서원 앞을 지나 역동서원이 자리했던 넓은 부포들을 가로질러 월천서당이 있는 달애로 이어짐을 볼 수 있다. 달애는 원래 '월천月川', '솔내率乃'라고도 불렀는데, 월천 조목의 호號와 중복을 피하여 '월애' 또는 '달애', '다래'라고도 부른다.

원래 이곳에는 유허비가 아닌 서원을 복원하려는 시도가 계상고택이 건립되기 이전부터 있었다. 1890년대 후반 향산響山 이만도李晩燾(1842~1910)와 서파西坡 류필영柳必永(1841~1924)이 역동서원 건립을 창의하였다. 이에 도산서원이 중심이 되고 호계서당虎溪書堂·구계서당龜溪書堂·기양서당岐陽書堂과 향내의 유소儒所, 각 처 문중이 호응해서 자금을 마련한 후 전답 10여 두락을 마련하였다. 그러나 서원 건립에 필요한 자금을 마련하지 못하여 당시 논의는 중단된 것으로 보인다.

다시 역동서원을 복원하려는 움직임이 나타난 것은 1966년이었다. 이에 앞서 1962년 봄에 안동과 예안의 유림들이 합의하고, 구계서당에서 발의하여 위패를 묻은 옛터에 퇴계의 기문을 새긴 비를 건립하기로 했다. 그래서 우탁의 본손에게 일을 처리하도록 위임하여 1963년 여름에 일을 시작하여 10월에 비를 완성했으며, 11월 11일에 비를 옮겨와서 세웠다. 그런데 사유지인 곳에 유허비를 세우는 일로 토지 소유주와 마찰이 발생하였다. 이에 안동·예안의 유림 4천여 명이 연명하여 진정陳情함으로써 비로소 유허비가 세워질 수 있었다.[6]

6 『陶山虎溪龜溪及岐陽鄉內儒林陳情書(甲辰年月日)』

역동서원 유허비를 세운 것을 계기로 역동서원 복원에 대한 논의가 본격화 되었다. 1966년 지방 유림의 발기로 구계서원 당회와 도산서원 당회에서 중건을 결의하고, 그 후손이 물력을 내어 1969년 안동시 송천동松川洞에 역동서원을 복원하였다. 그러나 안동대학교가 송천동으로 이전하면서 서원이 학교 경내 부지에 포함되자 단양우씨丹陽禹氏 문중에서는 이건하지 않고 1991년 안동대학교(현 국립경국대학교)에 서원을 기증하였다.

한편 역동서원 유허비와 역동서원 복원을 주도하였던 구계서원(당) 당회는 구계서원이 훼철된 후 1896년(건양 1) 옛 서원터에 독역재讀易齋를 건립하여 당회를 운영해왔다. 그러던 중 1974년 안동댐 건설로 독역재가 수몰지역에 포함되자, 당회에서는 영남대학교에 기증하기로 결의하고 1975년 현재의 영남대학교 민속촌으로 이건하였다. 그 후 2000년에 대대적으로 중수가 이루어져 기존의 모현사 · 내삼문 · 일신재 · 시습재 · 진덕문을 갖춘 구계서원이 복원되었다.

역동을 제향했던 서원 가운데 안동과 예안에 건립되었던 구계서원과 역동서원만이 오늘날 복원이 되었다. 두 서원은 모두 대학 내에 위치하여 현재까지도 교육과 전통문화 체험의 장소로 활용되고 있다. 역동의 학문과 절의를 숭모하였던 조선시대 선비들의 정신이 100년간 단절되었다가, 오늘날 재해석되어 그의 정신을 계승하는 장소로 되살아난 것이다.

서원을 세우는 기준과 제향인의 자격

1. 백세百世의 사표師表가 되는 인물을 제향하는 서원

조선시대 서원은 단순히 공부만 하는 곳이 아니었다. 그곳은 학문을 익히고 덕을 쌓으며, 나아가 백성을 교화하는 인재를 기르는 공간이었다. 서원의 핵심은 강학講學과 장수藏修라는 두 가지 활동에 있었다. 장수藏修란 책을 읽고 학문에 힘쓴다는 뜻이며, 강학講學은 여럿이 모여 토의하고 의견을 나누는 활동이다.

즉, 서원은 유생들이 함께 모여 공부하고 토론하며, 집단 지성의 힘으로 학문을 깊이 있게 탐구하는 장소였다. 때로는 서원에서 논의된 내용이 상소上疏로 이어져 조정에 전달되기도 했다. 서원이 단순한 교육기관을 넘어 사회적 발언의 장이기도 했던 셈이다.

공부란 결국 자신과의 싸움이다. 목표가 분명하지 않으면 쉽게 흔들리고, 방향이 보이지 않으면 중도에 포기하기도 한다. 조선시대 유생들도 마찬가지였다. 그래서 서원에서는 유생들이 학문에 더욱 전념할 수 있도록 모범이 될 만한 인물, 즉 사표師表를 선정해 그를 제향했다. 이들은 선성先聖, 선현先賢, 명유名儒라 불렸던 우리나라의 유학자들이었다.

서원 안에는 이들의 위패를 모신 사묘祠廟가 있었고, 유생들은 정기적으로 제사를 지내며 그들의 학문과 덕행을 되새겼다. 매일 그 앞을 지나며 스스로를 경계하고, 학업에 정진하는 마음을 다잡았다. 유생들에게는 멀고 먼 나라의 수천 년 전 인물보다, 우리 고을의 수백 년 전 선현이 훨씬 더 현실적으로 다가왔을 것이다. 후손이 남아 있고, 유물이 전해지며, 그 삶의 흔적이 지역 곳곳에 남아 있었기 때문이다.

이처럼 유생의 강학과 자기 수양을 강조하는 조선의 서원 제도는 바로 퇴계 이황에 의해서 정립되었다. 그는 서원의 설립 목적을 명확히 하고, 운영 방식과 제향인의 선정 기준을 제시했다. 조선에 서원이 도입·확산되던 16세기 중·후반은 국학(성균관·향교)과 사학(서원·서당·서재·정사) 사이에서 서원의 위치가 정해지던 시기였다. 이때 서원은 사액賜額이라는 국가의 인정을 받으며 국학에 준하는 지위를 얻게 되었고, 운영의 기본 방향도 설정되었다.

조선 서원의 시작은 1543년(중종 38), 풍기군수 주세붕이 건립한 백운동서원白雲洞書院이었다. 하지만 서원의 전형적 모습을 완성한 사람은 퇴계 이황이었다. 그는 제향인의 선정 기준을 마련하고, 사액을 통해 서원의 자립성을 확보했으며 서원 운영의 원칙인 원규院規를 제정함으로써 초창기 서원의 정착과 확산에 결정적인 역할을 했다. 그 결과 16세기 후반 이후 전국 곳곳에 서원이 대거 건립되며, 조선의 교육과 교화의 중심축으로 자리 잡게 되었다.

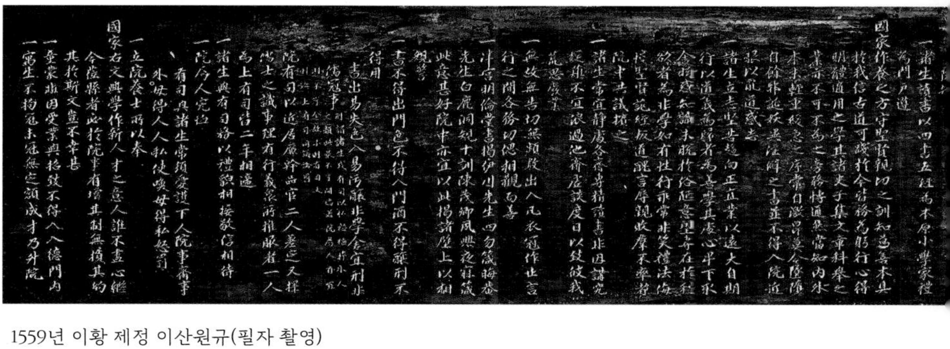

1559년 이황 제정 이산원규(필자 촬영)

조선시대 서원은 원래 유생들이 학문을 익히고 덕을 쌓는 공간이었다. 강학講學과 장수藏修를 통해 인재를 양성하고, 그 인재들이 백성을 교화하는 것이 서원의 설립 목적이었다. 하지만 시간이 흐르면서 서원의 모습은 점차 달라지기 시작했다. 특히 임진왜란 이후 조선 사회에 붕당정치가 본격화되고 당쟁이 치열해지면서 서원도 그 흐름에 휘말렸다. 서원은 더 이상 단순한 교육 기관이 아니었다. 자기 정파의 세력을 확산하고, 정치적 당위성을 확보하기 위한 수단으로 이용되기 시작한 것이다.

17세기 중반 이후 정치 권력의 지원을 받은 서원은 빠르게 늘어났다. 유학적 통치 질서를 확립하고, 선비의 기개를 일으키기 위해서라는 명목 아래, 서원에는 다양한 혜택이 주어졌다. 서원이 소유한 토지, 노비, 사찰, 사기점, 어선, 염전鹽田 등에 대한 세금과 노역 면제뿐만 아니라 평민들을 서원에 임의로 소속시키거나, 서원 건축 비용을 강제로 징수하는 사례도 확인된다. 이러한 특혜는 서원이 국가 재정을 악화시키는 요인으로 지목되기도 했다. 본래의 목적과는 거리가 먼 모습이었다.

서원이 늘어나면서 제향인의 선정 기준도 점차 흐려졌다. 운영비 부족으로 유생 교육은 뒷전이 되고, 제향만 거행하는 서원이 대부분이었다. 이로 인해 서원의 격이 낮아지고, 사우祠宇와의 경계도 모호해졌다. 원래 서원은 백대百代에 사표가 될 유학자를 제향하는 곳이었다. 도내 유림의 공론을 통해 설립되었고, 높은 위상을 지녔다. 반면 사우는 충절인이나 향현鄕賢을 제향하는 곳으로서 해당 고을 유림이나 일부 가문의 공론만으로도 건립이 가능했다. 교육 기능 없이 향사만을 위한 공간이었기에 서원보다 한 단계 낮은 곳으로 인식되었다.

역동서원(한국국학진흥원 제공)

사우(국가유산청 제공)

이처럼 서원과 사우는 제향인의 수준과 교육 기능의 유무에서 차이가 났을 뿐만 아니라 건축물의 구성에서도 달랐다. 즉 서원은 유생들의 기숙과 강학을 위한 동재와 서재, 강당이 있었고, 사당이 있는 제향공간과 강학공간을 구분한 내삼문과 서원 정문인 외삼문 내지 문루門樓를 갖췄다. 여기에 제향인의 문집과 저술을 출판하기 위해 제작한 책판을 보관하는 장판각藏板閣과 서적을 보관하는 장서각藏書閣을 건립하기도 했다. 규모에 따라서 유생들의 음식을 제공하기 위한 주사廚舍(=부엌)와 각종 물품과 식량을 보관하는 창고도 갖추었다. 반면 사우는 일반적으로 위패를 모신 사당과 제향을 준비하는 재실齋室만 존재했다.

서원과 사우는 그 규모와 위상에서 엄격히 구분되었지만 숙종대(재위: 1674~1720)를 지나면서 이 구분도 흐려졌다. 당쟁이 격화되면서 자기 당파의 인물을 제향하는 서원이 늘어났고, 제향인의 기준도 흔들리기 시작했다. 서원에는 현인으로 불렸던 인물이 아닌 자기 당파의 영수나 고위 관료를 제향하고, 제향인과 직접적인 관련성이 없더라도 서원을 건립하였다.

또한 이 시기에는 종법宗法 질서가 자리 잡고, 문중 의식이 강화되면서 서원은 가문의 위상을 높이는 수단으로도 활용되었다. 특히 1694년(숙종 20) 갑술환국 이후 서인(노론)이 집권하면서 영남 지역을 중심으로 이러한 현상이 심화되었다. 관직에 나아가기 어려운 상황에서 사족들은 조상의 명망을 앞세워 자신의 신분을 유지하려 했다. 그 결과 기준에 미달한 인물을 제향하거나, 기존 서원에 정치적 인물을 추가로 제향하는 일이 빈번해졌다. 서원은 점차 교육과 교화의 공간에서 정치와 신분

유지의 도구로 변해갔다.

서원은 조선 유학의 상징이자, 지역의 명망을 드러내는 공간이었다. 하지만 서원을 짓는 데는 막대한 비용이 들었다. 초창기에는 제향인의 후손, 문인, 지역 사족, 지방관의 지원으로 서원이 운영되었다. 하지만 전란과 사족들의 분열로 기존의 재정 지원이 어려워지자, 서원 건립 비용을 백성에게 전가하거나 금전을 강제로 대여하고 이자를 징수하는 일이 발생했다.

서원 건립 후에는 토지와 소속 민(원속)에 대한 세금 면제를 요구하면서 국가 재정에 부담을 주기도 했다. 또한 사액賜額을 받기 위해 조정 관료에게 청탁하며 막대한 재물을 소비하여 정상적 운영이 어려운 경우가 발생하기도 했다. 서원은 명예로운 교육기관이 아니라, 때로는 지역 권력의 과시와 정치적 수단으로 변질되었다.

이처럼 서원의 난립과 그로 인한 피해가 커지자, 조정은 서원 건립을 제한하는 명령을 내리기 시작했다. 경상감사 임담林墰은 1644년(인조 22) 서원 신설시 조정의 허가를 얻도록 요청했으며, 1657년(효종 8) 충청감사 서필원徐必遠 역시 서원 신설시 조정의 허가를 얻도록 요청했다. 1703년(숙종 29)에는 서원 신설을 금지하는 명이 내려졌으며, 1714년(숙종 40)에는 동일 인물의 첩설疊設과 사액賜額을 금지하였다.

하지만 서원과 사우는 계속 늘어났고, 조정의 통제는 큰 효과를 보지 못했다. 향촌에서는 사우를 건립하였다가 일정 시간이 지나서 서원으로 승격하거나, 기존 서원에 추가로 제향하는 방법으로 서원 건립을 금지하는 명령을 회피하였다. 그 결과 1741년(영조 17)에는 1714년(숙종 40)의 금지

명령 이후 건립된 서원·사우·영당과 추가로 제향한 서원·사우 등을 훼철하고, 감독을 소홀히 한 지방관과 금지령을 지키지 않은 유림을 처벌하는 조치가 시행되었다.

서원은 본래 유생들의 학문을 장려하는 공간으로서 다양한 강학 시스템이 존재했다. 서원에 머물며 공부하는 거재居齋, 학문을 토론하는 강회講會, 시험을 대비하여 집중 학습하는 거접居接, 정기적 과제 발표인 순제旬題 등이 그것이다. 또한 서원의 유생들에게는 숙식도 무료로 제공되어 학문에 전념할 수 있는 환경이 조성되었다. 그러나 전란과 흉년, 기근으로 재정이 악화되고, 지방관의 지원도 축소되면서 강학 기능은 쇠퇴하고 제향만 남게 되었다. 서원이 폭발적으로 증가했던 숙종대 이후에는 사액서원만 지방관의 지원을 받았고, 제향도 1년에 한 번 혹은 수년에 한 번 거행되는 곳이 많아졌다. 이처럼 서원의 운영은 점점 어려워졌고, 강학 기능이 점차 쇠퇴하면서 제향기능만 있던 사우와의 경계도 흐려졌다.

조선시대에 건립된 서원과 사우는 약 1,700여 개소에 달한다. 이 가운데 서원은 680개소, 사우는 1,041개소로 사우가 서원에 비하여 더욱 많이 건립되었다.[7] 하지만 시기별로 보면 양상이 다르다. 16세기 초반의 중종이래로 17세기 후반의 현종대까지는 서원이 더 많았으나 숙종대 이후는 사우가 더 많이 건립되었다. 이는 서원 건립에 대한 금령, 재정 부

7 윤희면, 『조선시대 서원과 양반』, 집문당, 2004, 84쪽.

담, 그리고 사우의 상대적 건립 용이성 때문이었다. 그럼에도 불구하고 서원의 위상은 여전히 높았기 때문에 사우를 먼저 세운 뒤 서원으로 승격하는 사례가 끊이지 않았다.

조선시대 서원이 전국적으로 확산된 배경에는 지역 사족士族의 성장이 있었다. 16세기 중반 이후 향촌사회에서는 『향안鄕案』을 중심으로 사족 지배체제가 자리 잡기 시작했고, 이들에 의해 서당, 정사, 서원 등이 건립되었다. 초기에는 서원보다 서당과 정사가 더 보편적이었다. 17세기에 들어서면서 임진왜란으로 황폐해진 국가를 재건하려는 움직임이 일어났고, 향촌사회도 점차 복구되었다. 그러나 연이은 정묘·병자호란, 가뭄, 전염병 등으로 인해 사회·경제적 기반이 안정된 것은 17세기 후반에 이르러서였다.

이 시기 양반 사족들은 하층민의 동요를 막고, 자신들의 지배체제를 강화하기 위해 다양한 조처를 시행했다. 그것은 『향안』과 향교 복구, 「향약鄕約」과 「동약洞約」 같은 향촌 규범 제정, 『주자가례朱子家禮』를 통한 종법 질서 확립이다. 그 결과, 동성촌同姓村이 형성되고 종가宗家가 등장하면서 문중 의식이 크게 강화되었다.

각 가문은 향촌사회에서 자신들의 기득권을 지키기 위해 경쟁할 수밖에 없었다. 그 우위를 가르는 기준은 사족끼리의 혼인 관계, 과거를 통한 관직 진출 여부, 명망 있는 유학자의 배출 등이다. 영남 지역은 인조반정과 갑술환국(1694) 이후 관직 진출이 어려워지면서 혈통과 학문을 더욱 중시하게 되었다. 특히 퇴계 이황의 학문적 계보를 잇는지가 중요한 기준이었다. 각 가문은 명망 있는 조상을 내세워 혈통과 학통을 드러

냈고, 그를 제향하는 서원을 건립하여 유림과 국가의 공인을 받고자 했다. 이로 인해 서원의 유무와 사액의 유무는 곧 가문의 위상을 상징하는 요소가 되었다.

우탁을 제향한 서원들의 건립 양상도 이러한 시대 흐름과 맞닿아 있다. 1570년(선조 3) 사림의 강학·장수처로서 건립되었던 예안 역동서원, 1608년(선조 41) 임란이후 어지러운 향촌사회를 재편하고 사기의 진작과 재지사족의 결집을 위해 건립되었던 영해 단산서원, 1558년(명종 13) 물력의 부족으로 서원이 아닌 향교에 별묘別廟형태로 건립되었다가 향풍의 진작을 위해 1662년(현종 3) 서원을 설립하여 제향했던 단양 단암서원, 1696년(숙종 22) 문중의식의 확대 속에서 향촌사회의 기득권 유지를 위해 후손들이 건립한 사묘를 도생서당과 결합하여 승격하였던 안동 구계서원[도동서원] 등이 그러하다. 이처럼 우탁을 제향한 서원들은 단순히 학문을 기리는 공간을 넘어, 지역 사회의 재편, 문중의 위상 강화, 그리고 향촌 지배체제의 상징으로 기능했다.

2. 퇴계가 설정한 서원 제향인물의 기준

조선시대 서원은 단순한 교육기관이 아니었다. 학문을 배우고 덕을 쌓는 공간이자, 선현先賢을 기리는 장소였다. 그렇기에 서원을 세울 때 가장 중요한 결정 중 하나는 "누구를 제향할 것인가"였다. 제향인은 그 서원의 성격을 규정하고, 나아가 사액賜額, 즉 국가의 인정을 받는 서원이 될 수 있는지 여부를 가르는 기준이 되기도 했다.

서원에 제향되는 인물은 대부분 그 지역과 직 · 간접적인 연고가 있는 유학자였다. 조선 최초의 서원인 풍기의 백운동서원에는 성리학을 처음 도입한 안향安珦이 제향되었는데, 그는 풍기 출신이었기 때문에 별다른 논란이 없었다. 하지만 이후 서원들이 전국적으로 건립되면서, 제향인 선정에 대한 기준이 필요해졌다. 퇴계 이황은 서원의 성격을 "유생의 강학과 장수처"로 규정했고, 사액 제도를 통해 서원이 국학에 준하는 지위를 갖도록 했다. 제향인 선정에 대해서도 그의 의견은 큰 영향을 미쳤다.

1549년(명종 4), 퇴계가 풍기군수로 있으면서 경상감사 심통원沈通源에게 보낸 백운동서원 사액 청원서에는 그의 제향인 선정 기준이 잘 드러나 있다.

> 은거하여 뜻을 구하는 선비와 도학을 강명하고 학업을 익히는 사람들이 흔히 세상에서 시끄럽게 다투는 것을 싫어하여 서책을 싸 짊어지고 넓고 한적한 들판이나 고요한 물가로 도피하여 선왕의 도를 노래하고, 조용히 천하의 의리를 두루 살펴서 덕을 쌓고 인仁을 익혀 이것으로 낙을 삼을 생각으로 기꺼이 서원에 나아가는 것입니다. 저 국학이나 향교가 사람이 많이 모이는 성곽 안에 있어서 한편으로 학령學令에 구애되고, 한편으로 과거科擧 등의 일에 유혹되어 생각이 바뀌고 정신을 빼앗기는 것과 비교할 때 그 공효를 어찌 동일 선상에 놓고 말할 수 있겠습니까. 이런 관점에서 말하자면 선비의 학문이 서원에서 역량을 얻게 될 뿐만 아니라 나라에서 인재를

얻는 데도 틀림없이 서원이 국학이나 향교보다 나을 것입니다. … 진실로 선정先正의 자취가 남고 향기가 뿌려져 있는 곳, 예를 들어 최충崔沖·우탁禹倬·정몽주鄭夢周·길재吉再·김종직金宗直·김굉필金宏弼 등이 살던 곳에 모두 서원을 건립하되 혹은 조정의 명에 의하고, 혹 사사로이 건립하여서 책을 읽고 학문을 닦는 곳이 되어 성조聖朝[명종]의 학문을 존중하는 교화와 태평한 세상의 교육의 융성을 빛내고 드높일 것입니다.[8]

퇴계는 성리학의 도입과 정착에 공헌한 인물들을 제향 대상으로 제시했다. 그가 말한 인물들은 단순히 지역 출신이 아니라 도통道統을 계승하고 후학의 사표가 될 수 있는 대현大賢이었다. 하지만 당시에는 국가적으로 도통에 대한 기준이 명확히 정해져 있지 않았다. 결국 서원을 주도한 사족들이 자신들의 판단에 따라 제향인을 결정하는 경우가 많았고, 그 과정에서 논란이 생기기도 했다.

대표적인 사례가 1558년(명종 13) 성주에 건립된 영봉서원이다.[9] 영봉서원은 퇴계가 찬시讚詩와 서원기書院記를 지었을 뿐만 아니라 1568년(선조 1) 천곡서원川谷書院으로 명칭을 바꿀 때에도 자문을 할만큼 관심이 큰 서원이었다. 이곳에서 제향인 선정을 둘러싸고 시비가 발생하자, 성주의 유생들은 퇴계에게 자문을 구하여 결국 '도학자'를 기준으로 삼게 되었다.

8 李滉, 『退溪集』 卷9, 「上沈方伯(通源 己酉)」.

9 이수환, 「성주 영봉서원 연구」, 『역사교육논집』 54, 역사교육학회, 2015.

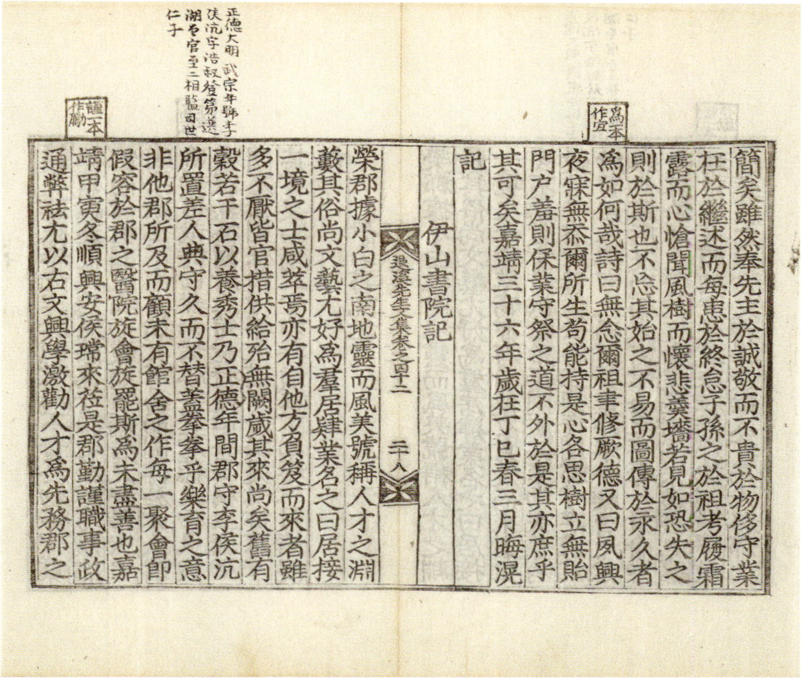
簡矣雖然奉先主於誠敬而不貴於物修守業
在於繼述而每患於終怠子孫之於祖考履霜
露而心愴聞風樹而懷悲羹墻若見如恐失之
則於斯也不忘其始之不易而圖傳於永久者
爲如何哉詩曰無忝爾祖聿修厥德又曰夙興
夜寐無忝爾所生苟能持是心各思樹立無貽
門戶羞則保業守祭之道不外於是其亦庶乎
其可矣嘉靖三十六年歲在丁巳春三月晦混
記

退溪先生文集卷之四十二 二八

伊山書院記
榮郡據小白之南地靈而風美號稱人才之淵
藪其俗尚文藝尤好爲羣居肄業名之曰居接
一境之士咸萃焉亦有自他方負笈而來者雖
多不厭皆官措供給殆無闕歲其來尚矣舊有
穀若干石以養秀士乃正德年間郡守李侯沆
所置差人典守久而不替蓋拳拳乎樂育之意
非他郡所及而顧未有館舍之作每一聚會卽
假容於郡之醫院旋會旋罷斯爲未盡善也嘉
靖甲寅冬順興安侯瑺來莅是郡勤謹職事政
通弊祛尤以右文興學激勸人才爲先務郡之

이산서원기(서울대학교 규장각 한국학연구원 제공)

한편, 퇴계는 반드시 그 지역 출신의 인물만 제향해야 된다는 생각은 하지 않았다. 1559년(명종 14), 그가 지은 「이산서원기」에서 "해당 고을의 인물 외에도 선성先聖과 선사先師를 모시거나, 사묘가 없어도 형편에 따라 행하면 된다"고 밝힌 바 있다.[10] 퇴계의 이런 의견은 이산서원 이전 건립된 소수서원(안향)·문헌서원(최충)·남계서원(정여창)·임고서원(정몽주)·상현서원(김정)·빙계서원[장천서원](김안국)·오봉서원[구산서원](공자) · 영봉서원[천곡서원](김굉필) 등의 사례에 근거한 것이었다.

대부분의 서원에서 해당 지역의 선정들을 제향하고 있었다. 그러나 의성의 빙계서원[장천서원]은 김안국의 관향貫鄕이자 관찰사 시절의 흥학 · 교화에 힘쓴 업적으로 제향 되었고, 강릉의 오봉서원[구산서원]은 강릉부사 함헌이 중국에 사신으로 다녀오면서 가져온 공자孔子 진영眞影을 제향하였다. 오봉서원이 위치한 강릉 오봉리의 구산丘山은 공자가 태어난 니구산尼丘山과 명칭이 유사해서 구산서원이라 부르며 공자와의 인연을 강조하였다.

또한 성주의 영봉서원은 제향인 선정을 둘러싼 논쟁이후 성주의 지명 가운데 이천伊川과 운곡雲谷이 있었다. 실제 이천은 중국 하남성 낙양의 지역명으로서 정이程頤가 만년에 머물며 강학하던 곳이다. 운곡은 중국 복건성 숭안현의 지명으로 주희朱熹가 한천정사寒泉精舍를 짓고 학문연구와 강학을 하던 곳이었다. 이런 연유로 정자程子와 주자朱子를 주향으로 하고, 성주가 처향妻鄕인 김굉필을 배향하였다. 이때 서원의 명칭도 이를 따라서 천곡서원으로 바꾸었다.

퇴계는 이런 사례를 통해 제향인을 그 고을의 인물로 국한할 필요가 없다고 한 것이다. 실제 전국 각지에서 해당 지역에 제향할 만한 인물이 없을 경우에는 중국 성현과 연관된 지명 등을 연고로 중국의 유학자를

10 李滉, 『退溪集』 卷42, 「伊山書院記」. "乃遣儒生張壽禧 來屬於滉 且曰吾鄕先正可祠於學者 未有定論 於書院之制 斯爲未備 欲姑以書齋名之何如 滉辭之不得 則復之曰 古之書院所祠 豈盡其鄕之人哉 有祀先聖先師者 亦有不立祠廟者 惟視其力從其宜而已."

제향하기도 했다.

이처럼 제향인은 지역 출신이 아니더라도 그 지역과의 의미 있는 연고나 학문적 업적이 있다면 선정될 수 있었다. 다만 대부분의 서원은 지역 인물을 제향했고, 이 기준은 16세기 이후에도 꾸준히 유지되었다. 우탁을 제향한 서원들도 모두 그와의 연고를 바탕으로 건립되었다. 예안 역동서원은 우탁이 관직에서 물러나 머물렀던 곳이며, 단양 단암서원은 그의 출생지이자 관향이었다. 영해 단산서원은 그가 관직에 나아가 처음으로 부임했던 지역이었으며, 안동 구계서원은 그의 묘소가 위치하고 영호루시映湖樓詩와 같이 노년에 활동하였던 자취가 남아있는 장이지지杖履之地라는 연고로 건립되었다.

이 중 단산서원은 이곡李穀·이색李穡 부자를 추가로 제향하고, 단암서원은 이황李滉을 함께 제향하였다. 이곡과 이색 부자는 영해 출신이며, 이황은 단양의 수령을 역임하였다는 연고가 있었다. 이러한 조치는 서원의 격을 높이고, 지역 사족들의 관심을 끌어내기 위한 전략이기도 했다.

동방 도학의 근원으로 추앙된 우탁

고려 말 문신이자 학자였던 우탁禹倬은 본관이 단양丹陽, 자는 천장天章, 호는 단암丹巖 또는 백운당白雲堂이라 하였다. 후대에는 역동선생易東先生이라 불렸다. 그는 1262년(원종 3), 지금의 충청북도 단양군 적성면 현곡리[단산현 품달리 신원]에서 태어났다. 아버지 우천규禹天珪는 향공진사鄕貢進士를 지낸 인물로, 문하시중에 추증되었을 만큼 학문과 덕망이 있었다.

그런 집안에서 자란 우탁은 1278년(충렬왕 4)에 향공진사가 되었고, 1290년(충렬왕 16) 과거에 급제하여 이듬해 영해사록寧海司錄으로 첫 관직을 시작했다. 이때 그는 팔령신의 사당을 철거하여 음사淫祀를 단절하는 등 유교적 예법에 입각한 개혁적 행보를 보였다. 이후 진주목사를 비롯해 9개 군의 지방관을 역임하며 행정 경험을 쌓았고, 통사사인通事舍人으로 궁중의 의례를 담당하기도 했다. 이 시기 그는 자주 고향 단양의 산수를 찾아 사색하고, 배를 타고 유람하며 마음을 다스렸다.[11]

하지만 우탁의 이름을 역사에 남긴 결정적 사건은 따로 있었다. 감찰규정監察糾正으로 재직 중이던 어느 날, 충선왕이 충렬왕의 후궁 숙창원비를 범하는 패륜을 저지르자, 그는 지부상소持斧上疏라는 형식으로 왕의 잘못을 직언했다.[12] 도끼를 들고 상소문을 올린다는 이 행위는, 목숨을 걸고서라도 정의를 말하겠다는 의지의 표현이었다.

11 『丹山邑誌』, 「舍人巖」. 우탁이 배를 띄워 놀았던 남조천 옆 바위에 그가 머물렀다고 하여 '舍人巖'이라 하며, 그 바위가 있는 마을[충북 단양군 대강면 사인암리]을 '舍人巖里'라 한다. 그 樓壁에 새겨진 글은 우탁의 친필로 전해지고 있다.

12 『高麗史』 卷33, 世家, 卷33, 忠宣王復卽位 10月 24日; 卷109, 列傳 卷22, 諸臣, 「禹倬」.

단양군 사인암(국가유산청 제공)

이후 그는 관직을 내려놓고 고향(단양)으로 돌아가 학문에 전념했다. 하지만 그의 학문적 역량은 여전히 인정받아 진현관 직제학進賢館直提學에 임명되었고, 성균관 좨주成均館祭酒로 승진하여 유생들에게 정주程朱의 성리학을 강론했다. 고려 말, 성리학이 뿌리내리는 데 있어 중요한 역할을 우탁이 했던 것이다.

그러나 그는 현실 정치의 한계를 절감하고, 나이가 많다는 이유로 벼슬을 그만두고 예안현으로 물러났다.[13] 충숙왕忠肅王이 그의 충의를 높이 사서 여러 차례 불렀지만, 우탁은 끝내 나아가지 않고 학문 연구와 후진 양성에 힘썼다. 그렇게 1342년(충혜왕 3), 81세의 나이로 생을 마감했다.[14]

우탁은 성리학을 국내에 처음 들여온 안향安珦의 문하에서 수학했다. 안향은 1288년(충렬왕 14) 원나라에서 『주자전서朱子全書』를 얻어 초록한 뒤 이를 국내에 소개한 인물이다. 우탁은 그의 가르침을 깊이 받아들였고, 안향은 수백 명의 제자 중에서도 우탁 · 권부權溥 · 백이정白頤正 · 신천辛蕆을 자신의 적전嫡傳으로 평가했다.[15]

고려말의 문신이자 학자인 목은 이색李穡(1328~1396)은 공민왕대 성균관 대사성으로 있으면서 우탁의 도학과 문행文行을 높이 평가했고, 결국 그에게 '문희文喜'라는 시호가 내려지도록 청원했다. 그가 말년에 머물렀던 현재의 안동시 와룡면 선양동은, 그의 도학道學, 예의禮義, 절조節操를 기리며 후인들이 '지삼리知三里'라 불렀다.[16] 이는 한 사람의 학문과 인격이 지역 사회에 얼마나 깊은 영향을 줄 수 있는지를 보여주는 상징적인 사례다.

『선성지』에는 점필재 김종직金宗直이 지삼촌을 지나면서 남긴 시가 전한다.

13 『遺墟碑銘』, "俗行古道 知時不可爲 退居禮安縣".

14 『高麗史節要』 卷23, 忠烈王 34年 10月 24日. "退老于福州之禮安 忠肅王嘉其忠義 再召不起. 倬通經史 尤深於易學 卜筮無不中 程傳初來 東方無能知者 倬乃閉門 月餘參究 乃解敎授生徒 義理之學始行矣 官至成均祭酒 致仕年八十一而卒."

15 『東國文獻錄』. "晦軒之門 橫經受業者 七館十二徒 其得道傳後 特以繼開之功 載錄儒林者 惟禹祭酒倬 辛德庵 白上黨頤正 權菊齋溥四人."

16 『유허비명』. "里號知三 自先生也 道學禮儀節操 三者是已." ; 『宣城誌』, 「知三村事蹟」.

고려의 운세는 500년을 가졌는데
그 쇠할 무렵에 이 같은 어진이 있는 줄 몰랐다네.
대궐에 도끼 들고 가서 상소하니 참으로 높은 절개요
초가집에서 경전을 읽으니 정현과 같아라.
향리에선 몇 사람이나 그의 덕을 그리는가
자손들이 금일 거친 들판에서 농사를 짓고 있구나.
아! 나는 일찍 선생을 만나려는 뜻을 가지고 있었는데
홀로 옛 어진이 그리며 못내 슬퍼하노라.

우탁의 명망이 전국적으로 알려지게 된 것은 이황 때문이었다. 이전까지 우탁은 역학에 정통하고, 성리학의 이해가 깊었다는 정도의 피상적 표현으로만 각종 문헌에 전해왔다.[17]

- 경서와 사서에 정통하였고 더욱이 역학易學에 조예가 깊어 점을 치면 신통하게 다 맞추었다. 『정전程傳』이 처음 우리나라에 들어 왔으나 이해하는 사람이 없자 우탁이 문을 닫아걸고 한 달 남짓 깊이 연구해 마침내 해득한 후 학생들을 가르치니 그때부터 성리학이 비로소 널리 알려지게 되었다.(『고려사』, 열전)

17 『고려사』 열전; 이색, 『목은집』 권2; 권근, 『양촌집』, 「동현사록」.

- 우탁이 경서에 널리 통하여 섭렵하지 않은 게 없다.(이색, 『목은집』)
- 경사經史에 통달하고, 주역에도 능통하여 이를 가르치니 우리나라에 비로소 이학理學이 행하게 되었다.(권근, 『양촌집』)

그런데 이황은 우탁이 공자 · 맹자 · 정자 · 주자의 학문을 이어받아 동방의 도통道統을 열었던 인물로 높이 평가했다. 나아가 관료로서의 충의와 도학자로서의 학문적 성취를 모두 갖춘 인물이라고 보았다. 문묘에 종사된 포은 정몽주에 뒤지지 않는 인물이라는 것이다. 그는 "학문을 비교할 만큼의 저술이 남아 있지 않지만, 실천적 행의에 있어서는 차이가 없다"고 했다.

실제로 1567년(명종 22), 명나라 사신 허국許國과 위시량魏時亮이 "동방에 공자 · 맹자의 심학心學을 아는 자가 있는가"라고 묻자, 이황은 "고려에는 우탁 · 정몽주가 있고, 조선에는 윤상 · 김굉필 · 정여창 · 조광조 · 이언적 · 서경덕 등이 있다. 여말에 정자와 주자의 글이 들어왔을 때 우탁과 정몽주가 성리설을 연구하였다."고 했다.[18] 이 말은 곧 조선 성리학의 뿌리가 우탁에게서 비롯되었다는 이황의 확신을 보여준다.

이황은 유학의 근원을 '역易'에서 찾았다. 그래서 역학을 연구한 정이程頤의 『정전程傳』이 우리나라에 처음 들어왔을 때 이를 해득하고 강학한 우탁 덕분에 이학理學이 널리 알려지게 되었다고 평가했다. 이에

18 李滉, 『退溪集』, 言行錄5, 類編, 論人物; 『선조수정실록』 권1, 선조 즉위년 7월 17일.

따라 이황은 한나라 정관丁寬의 고사에서 나온 "역이 동으로 갔다[易已東矣]"는 말을 인용해, 우탁을 제향하는 서원의 이름을 역동서원易東書院이라 지었다.[19] 우탁의 절조와 은거한 삶은 정치보다 학문을 중시했던 이황에게 이상적인 모델이었던 것이다.

그의 평가 이후, 우탁에 대한 존경은 여러 학자들에게 이어졌다. 기대승奇大升(1527~1572)은 "고려 말 우탁, 정몽주에 이르러 비로소 성리의 학문이 있는줄 알았다"고 했다.[20] 박세채朴世采(1631~1695)는 "성학聖學이 떨치지 못하다가 고려 말에 이르러서 우탁과 정몽주가 새로이 사문을 창도하여, 조선에 들어와서 유현이 끊이지 않고 배출되어 도통이 이어지게 되었다"고 했으며, 우탁에 대하여 '동방도학지종東方道學之宗'이라고 칭하였다.[21] 나아가 이상정李象靖 역시 "동방 이학理學의 연원이 우탁에게서 비롯되었다는 것은 속일 수 없는 사실"이라고 하였다.[22]

이처럼 이황은 우탁을 공맹의 심학을 전하고, 동방 이학의 연원을 연 인물로 천양했다. 매헌 금보가 지은 「역동서원기사」에는 퇴계가 일찍이 "우리 고향[예안]의 선현인 좨주 우탁은 도의와 풍절이 후학의 사표가 되어 백세토록 묘우에 제향될 만한 인물"이라고 평가한 것이 확인된다.[23]

19 『蒙求』, 「丁寬易東」. "前漢丁寬字子襄 梁人 初梁項生從田何受易 時寬爲項生從者 讀易精敏 材過項生 遂事何 學成東歸 何謂門人曰 易已東矣."

20 奇大升, 『高峯全書』, 論事錄.

21 朴世采, 『東賢師友錄』, 序; 列傳, 「禹倬」.

22 『尙賢錄』, 序文(李象靖).

23 琴輔, 『梅軒先生文集』 卷2, 「易東書院記事」. "退溪先生 嘗以爲吾鄕先正 禹祭酒倬 道義風節 爲後學師表 而可廟食百世…".

이황의 평가 이후 1570년(선조 3) 예안의 역동서원, 1608년(선조 41) 영해의 단산서원, 1662년(현종 3) 단양의 단암서원, 1696년(숙종 22) 안동의 구계서원 등 우탁을 제향하는 서원이 곳곳에 세워졌다.

동방이학지조비(정정재)(필자 촬영)

한편 안동 와룡면에서 예안면으로 이어지는 933번 지방도를 따라가면, 예안면 정산리鼎山里의 솥우물 마을에 우탁의 묘소와 재실인 정정재鼎井齋가 있다. 그 앞에는 우탁의 시조와 한시를 새긴 시비詩碑, 후손들이 세운 칭송비, 그리고 부인 영천이씨의 묘비도 함께 있다. 특히 후손들이 세운 비석에는 "동방이학지조東方理學之祖"라는 글귀가 새겨져 있다. 이는 우탁이 우리나라 성리학의 시조라는 뜻이다. 포은 정몽주를 제향한 영천의 임고서원에도 같은 내용의 비석이 있다. 우탁이 정몽주보다 약 80년 앞선 인물이고, 역학에도 밝았으니 이러한 표현도 타당하다. 그러나 지부상소와 같이 성리학의 가르침을 몸소 실천하여 도덕적 사표이자 으뜸이라는 면에서 박세채와 같이 '동방도학지종'이라 칭하는 것도 옳을 것이다.

영호루 시비(정정재)(필자 촬영)

부인 영천이씨 묘비(필자 촬영)

역동서원 보다 먼저 건립한 별묘

우탁을 제향하는 최초의 서원은 1570년(선조 3) 퇴계 이황이 주도하여 건립한 역동서원이다. 하지만 그보다 앞선 1558년(명종 13) 그의 고향인 단양에 이미 사당祠堂이 세워졌다는 사실은 흥미롭다. 당시 단양군수였던 황준량黃俊良[재임: 1557~1559]은 10여 년간의 거듭된 자연재해와 전염병이 연이어 발생하면서 민생이 극도로 피폐해진 현실을 마주하고 있었다.[24] 그 여파로 학문 풍토도 쇠퇴하여 인재를 양성할 방법이 없었다.

이러한 폐단을 바로잡기 위해 조정에 민폐소民弊疏를 올려 10년간 세금 면제를 이끌어냈다.[25] 이후 그는 향교를 중수하고, 단양 출신의 유학자인 우탁을 기리는 사당을 향교 서쪽에 별묘別廟 형태로 건립하였다.[26] 이는 단순한 제향을 넘어 지역의 문풍을 회복하고, 인재를 양성하려는 의도에서 비롯된 조치였다. 우탁이라는 인물을 통해 단양의 학문적 정체성을 되살리고자 했던 황준량의 노력은 이후 서원 중심의 교육 문화가 확산되는 흐름과도 맞닿아 있다.

> 저 좨주 선생 같은 분은 불세출의 기운을 받아 태어나서 집 옆의 강당에서 이학理學의 관건關鍵을 여시고, 군주의 뜻을 돌리는 충정을 떨치셨고, 젊은 나이에 벼슬을 그만두고 후진을 가르쳤으니 이는 백대百代의 스승으로서

24 『명종실록』 권3, 명종 1년 3월 29일; 권5, 명종 2년 5월 14일; 권6, 명종 2년 9월 14일; 권7, 명종 3년 4월 28일; 권10, 명종 5년 윤6월 20일; 권16, 명종 9년 5월 10일.

25 『명종실록』 권22, 명종 12년 5월 7일; 5월 17일.

26 黃俊良, 『錦溪集』 卷4, 雜著, 「丹陽鄕校重修記」.

> 평범하게 향리鄕里에서 제사 지낼 만한 자와는 비교할 바가 아니다. 따라서 서쪽 한 칸에서 제사를 받들어 온 고을 선비들로 하여금 현자를 높이는 정성을 표하고, 그와 같아지기를 생각하는 뜻을 힘쓰게 하는 바이다.

황준량이 단양에 우탁의 사우를 건립하기로 마음먹었을 대, 그는 먼저 두 인물에게 자문을 구했다. 한 사람은 성주목사 노경린盧慶麟, 다른 한 사람은 퇴계 이황이었다. 1558년(명종 13) 황준량과 성주목사 노경린과의 문답에서 황준량은 이렇게 말했다. "우탁의 충절과 학행은 진실로 서원[묘원]에 제향하는 것이 옳습니다. 다만 지금은 물력이 부족하고 준비가 미흡하니 향교 아래에 1칸 정도 덧붙이는 것이 마땅할 듯 합니다."고 하였다.[27]

이황 역시 우탁을 기리는 사우를 세우는 것이 타당하다고 보았다. 그는 특히 예안에서 여러 차례 우탁을 제향하려는 시도가 있었지만 번번이 무산되었다는 점을 언급하며, 단양에서 먼저 이를 추진하여 예안에 본보기를 보여주길 당부했다.[28] 이황은 1548년(명종 3) 단양군수를 지낸 바 있어, 고을의 형편을 누구보다 잘 알고 있었다.

이황은 3칸 규모의 사우가 적절하겠지만, 여건을 고려해 결정하되, 사당만 세워놓고 제수祭需를 갖추지 못하면 안 된다고 조언하였다. 그래서 그는 향교에서 춘추 석전이 있을 때, 우탁의 사우에도 간략하게나마

27 黃俊良, 『錦溪集』, 外集 卷7, 書, 「答盧星山 仁父論書院事書」.

28 李滉, 『退溪集』 卷19, 書, 「答黃仲擧」.

단양향교(국가유산청 제공)

제사를 함께 드리는 방식이 바람직하다고 덧붙였다. 이는 단양의 현실을 고려한 실질적이고도 신중한 제안이었다.

황준량은 주변 인물들의 의견을 경청한 뒤 우탁은 백세에 사표가 되므로 향리에 사우를 세워 제사를 지내는 것은 마땅치 않다는 결론에 이르렀다. 그러나 당시 단양의 재정 상황은 서원 건립을 감당하기 어려웠다. 이에 그는 성현의 위패를 모신 향교에 별묘를 세우는 방식으로 우탁을 제향하였다. 비록 독립된 서원은 아니었지만 향교의 석전일에 함께 향사를 지냄으로써 서원에 준하는 위상을 부여한 것이다.

이러한 결정은 당시 사림계 지방관들이 주도하던 서원 건립의 흐름과도 맞닿아 있다. 성주목사 노경린과 경주부윤 이정李楨 등은 서원을 단순한 관학의 보조기구로 보지 않았다. 그들에게 서원은 사림의 강학과 장수처, 즉 학문을 배우고 덕을 쌓는 공간이었다. 황준량 역시 이러한 인식을 공유하고 있었다.

그는 향교를 중수한 뒤, 유생들에게 학문의 목적과 방법을 설명한 「중창기」를 남겼는데, 그 글에는 향교를 단순한 교육기관이 아닌 도학의 실천 공간으로 바라보는 그의 철학이 잘 드러나 있다.

> 학문을 하는 순서는 의義와 이利를 분변하는 데에 신중해야 하며, 성誠과 경敬의 실상을 체득해야 한다. 먼저《대학》을 공부한 뒤에 다음으로《논어》와《맹자》에 미치고, 정자와 주자를 경유하여 안자顔子와 증자曾子에까지 거슬러 올라가야 한다. 그렇게 표리정조表裏精粗의 극을 다하고 전체대용全體大用의 묘리를 밝히면, 성현을 희구하는 공부가 이 단계를 통하여 이루어진다. 사업에 시행하는 것도 이것을 들어서 저곳에 적용하는 데에 지나지 않을 것이다. 만일 단지 글을 읽고 시문이나 읊으며 이익과 영달을 꾀하려는 것이라면, 그것은 이미 교육의 본의本意가 아니다.

황준량이 강조한 학문의 순서는 같은 해 이황이 제정한 「이산서원 원규」의 교육 방식과 목적하고도 정확히 일치한다. 이는 단순한 학습법이 아니라, 도학적 수양과 실천을 중시한 사림 교육의 핵심이었다. 황준량은 향교를 중건하면서 존현尊賢과 위기지학爲己之學의 문풍을 일으켜 향촌 교화와 인재 양성을 실현하고자 했다. 이는 풍기의 소수서원이 안향을 제향함으로써 교화와 강학의 목표를 구체화한 사례와도 닮아 있다.

그는 단양 유생들에게도 단양 출신의 선현인 우탁을 제향하는 서원을 통해 학문의 지향점을 제시하고자 했지만, 물력의 부족으로 서원 건립은 어려웠다. 대신 향교 옆에 별묘를 세우고, 석전일에 함께 향사를 지내는 방식으로 비용을 절약하면서도 교육적 목적을 실현했다. 이는 이황이 서원을 통해 실천하려 했던 유생 교육의 방법과 목적을, 황준량이 향교라는 기존 제도 안에서 창의적으로 적용한 사례라 할 수 있다.

황준량이 단양 향교에 우탁을 제향한 시도는 당시로서는 전례 없는 일이었다. 이러한 파격적 실천은 1570년(선조 3) 단양군수 손여성孫汝誠이 이황에게 의견을 구하면서 다시금 논의의 중심에 놓이게 된다. 손여성은 우탁의 사우를 향교에 연접하여 세운 것이 예법상 미안할 수 있다는 우려를 표했다. 이에 대해 이황은 "연접한 혐의를 피하여 적당한 곳에 작은 사우를 세운다면 석전례와 같은 날에 향사하는 혐의를 받을 수 있다. 향교에 연접하여 우탁을 향사하는 것은 사현四賢[김굉필 · 정여창 · 조광조 · 이언적]을 종사하려는 의논에 비추어 보더라도 반드시 우탁이 그 뒤에 있지 않다. 그러므로 경솔하게 결정하지 말 것"을 당부하였다.[29]

이황의 이러한 답변은 단순한 예법 해석을 넘어, 우탁의 인물적 위상에 대한 평가를 담고 있다. 그는 우탁을 동방사현에 견줄 만한 인물로 보았으며, 향교 석전일에 우탁의 향사를 함께 지내는 제향 방식에도 무리가 없다고 판단했다. 이황의 인식은 후대에도 계승되어 19세기 우탁 문

29 李滉, 『退溪集』 卷36, 書, 「答具汝膺(具贊祿)」.

묘종사운동의 승무론陞廡論에 중요한 근거가 되었다.

우탁의 승무소는 1810년(순조 10) 팔도유생을 대표한 송환보의 상서를 시작으로, 1811년(순조 11) 사학四學 유생 박기호, 1812년(순조 12) 사학 유생 유국환, 1818년(순조 18) 사학 유생 신재경 등에 의해 추진되었다.[30] 이러한 승무소 제출은 우탁의 문묘종사에 대한 지속적인 요청과 논의가 있었음을 보여준다.

이후 그의 문묘종사운동은 중단되었지만 1871년(고종 8) 후손들이 우탁의 문집인 『상현록尙賢錄』을 간행한 것을 계기로 그의 학문과 인격이 다시 조명되었다. 그 결과 1883년(고종 20) 경기유생 이종유李鍾維 등이 다시 우탁의 문묘종사를 청원하게 된 한 요인이 되었다.

30 『승정원일기』 순조 10년 11월 24일, 순조 11년 윤3월 1일, 순조 12년 11월 4일, 순조 18년 4월 20일.

퇴계가 직접 세운 유일한 서원、 역동서원

조선시대 서원은 지방관, 향인, 사족, 문인 등 다양한 인사들의 협력 속에 설립되었다. 이러한 양상은 대부분의 서원에서 공통적으로 나타나며, 특히 초창기 서원들에서는 지방관의 주도적 역할이 두드러진다.[31] 이는 재정과 인력을 동원하는 데 유리하고, 서원에 부정적인 견해를 가진 향인들의 반발을 예방할 수 있었기 때문이다. 물론 사림의 자율성이 일정 부분 제한되기도 했지만, 서원의 정착과 보급을 위한 현실적 조처였다.

역동서원은 이러한 흐름 속에서 1570년(선조 3) 예안현에 최초로 건립된 서원이다. 창건 논의는 이미 1558년(명종 13) 퇴계 이황의 제자인 금난수琴蘭秀(1530~1604)와 조목趙穆(1524~1606)에 의해 공식적으로 제기되었다.[32] 이들은 우탁이 경학에 밝고 충의대절을 갖춘 인물로서 후학의 사표가 된다는 점, 퇴관 후 예안에 거주하며 후손들도 그곳에 살고 있다는 점을 들어 제향의 당위성을 주장했다.[33] 또한 예안에는 아직 서원이 없다는 점도 중요한 배경이었다.[34]

당시 퇴계의 문인 김부필金富弼(1516~1577)은 서원의 위상을 높이기 위

31 정만조, 「17~18세기의 서원 · 사우에 대한 시론」, 『조선시대 서원연구』, 집문당, 1997, 107~133쪽.

32 이하 역동서원 창건과 관련해서는 우탁의 문집인 『상현록』에 수록된 「易東書院事蹟」과 월천 조목의 「易東書院記實」, 퇴계 이황의 「易東書院記」, 梅軒 琴輔의 「易東書院記事」 등을 참고 하였다. 이들 내용은 해당 인물들의 문집에도 수록되어 있다. 또한 창건이후 중건 관련해서는 梅村 琴詩述의 「易東書院重修記」가 참고 된다.

33 李滉, 『退溪集』 卷42, 「易東書院記」.

34 李滉, 『退溪集』 卷23, 「與趙士敬」.

해 정자와 주자를 함께 제향할 것을 제안했다. 하지만 퇴계는 물력 부족과 존현의 경박함을 우려하여 우탁의 독향으로 결정하였다.[35] 이후 조목과 금난수가 오담을 답사하고 퇴계에게 적합한 터임을 알렸으며,[36] 퇴계는 직접 현장을 둘러보고 흡족해했다.

그러나 당시 예안현은 땅이 척박하고 백성이 가난하며 부역이 많았고, 수령들도 어려움을 겪는 지역이었다.[37] 이러한 민생의 불안정은 서원 건립이 즉시 이루어지지 못한 주요 원인이었다. 예안의 형편은 1563년(명종 18) 곽황郭趪(1530~1569)[재임: 1563~1567]이 현감으로 부임하면서 점차 호전되었다. 유민들이 정착하고 상하민이 풍족해지자, 1565년(명종 20) 9월 역동서원 건립 논의가 재개되었다.

김부필과 금응협琴應夾(1526~1596)이 주관하여 퇴계에게 고을 장로들을 모아 의논하여 결정하길 요청했고, 이후 조목 · 금난수 · 김부필 · 금응협 등이 예안현감에게 허가를 받았다. 당시 현감 곽황은 관아 건축 후 남은 기와 9천 장을 서원에 제공했고, 예안 사족들은 집안의 재력에 따라 물력을 보태어 160여 집에서 170여 석을 거두고, 원래 비축했던 곡식 70여 석을 합하여 건립비용을 마련했다.

1566년(명종 21) 가을에는 낭생산郞生山에서 벌목이 이루어졌고, 조목

35 金富弼, 『後彫堂先生文集』 附錄 卷2, 「諸家摭言」; 金誠一, 『鶴峯續集』 卷5 雜著, 「退溪先生言行錄」.

36 李滉, 『退溪集』 卷23, 「與趙士敬」.

37 조목, 『월천집』 권5, 「易東書院記實」; 『중종실록』 권97, 중종 37년 1월 12일; 3월 5일.

· 김부필 · 금보琴輔 · 금응상琴應商 · 우극창禹克昌 · 금응협 · 금난수 등이 감독하였다. 1567년(명종 22) 2월 공사가 시작되자 오천의 김부의金富儀 · 김부륜金富倫, 온계의 이영李甯, 월천의 채운경蔡雲慶, 지사의 우치무禹致武, 부포의 신흡申洽 · 손흥효孫興孝, 분천의 이숙량李叔樑(1519~1592), 서촌의 유빈柳贇 등의 문인들이 돌아가며 참여하였다. 이들은 모두 17세기 초반까지 역동서원의 원임을 역임하며, 초창기 역동서원의 정착에 기여한 핵심 인물들이었다.

예안현감 곽황은 추가적으로 곡식 40석과 포 15필을 부조하고, 향리 · 인부 · 승려 · 장인匠人들을 동원해 공사를 돕도록 했다. 또한 함양군수로 부임하면서 거듭 포목 25필과 곡식 70석을 내어주고, 서원書員 1인과 한량閑良 6인 및 사사전寺社田 200여 부를 서원에 귀속시켜서 운영 자금으로 삼도록 했다. 이외에도 안동부사 윤복尹復도 곡식 10석과 대목大木 10여 주株를 부조했으며, 이듬해인 1568년(선조 1) 봄에는 경상감사 박계현朴啓賢이 부조하여 공역을 마무리 할 수 있었다.

이처럼 지방관과 재지사족들의 적극적인 협조와 참여로 1567년(명종 22) 4월 강당과 동 · 서재가 완성되었고, 퇴계의 의견에 따라 농시를 피해 7월에 기와를 옮겼다. 가을에 모든 건물이 완공되자 퇴계는 역동서원이라 명명하고는 각 건물의 명칭을 정하였다. 강당은 명교당明敎堂, 온돌로 된 양 협실은 동쪽의 정일재精一齋와 서쪽의 직방재直方齋, 직방재의 북쪽에는 장서각을 세워 광명실光明室이라 했다. 강당 뒤 동쪽의 사당은 상현사尙賢祠, 동재는 사물재四勿齋, 서재는 삼성재三省齋, 서재의 서쪽에 주고廚庫를 짓고 남쪽의 대문을 입도문入道門이라 하였다. 그리고 같은 해 12월 조목이 건립 과정을 정리한 「역동서원기실」을 지었다.

1568년(선조 1) 2월에 퇴계는 제의와 규약을 「소수서원 의례」와 「이산서원 원규」를 참고하여 제정할 것을 제안했다.[38] 4월에는 직접 편액을 쓰고, 기문을 지었으며, 금보가 이를 정서正書하였다.[39] 『역동서원속등록』에 따르면, 역동서원에 걸려있는 9개의 편액과 1개 현판 중 퇴계가 손수 적은 '역동서원' 편액은 사액 후 명교당 내 남쪽면의 벽 위에 걸었다. 또한 원내의 원기院記 · 원규院規 · 백록동규白鹿洞規 · 집사판執事板은 모두 이숙량李叔樑(1519~1592)의 글씨이며, 사물잠四勿箴 · 숙흥야매잠夙興夜寐箴은 금보琴輔(1521~1584)의 글씨라고 전한다.[40]

7월에는 이황이 역동서원에서 『심경』을 강론하였다. 이날 강론에 참석한 문인으로는 조목, 이숙량, 김부필, 김부륜, 김부의, 금난수, 금응훈(1540~1616), 윤흥종尹興宗, 박려朴欐(1551~1593), 조카 이재李宰, 손자 이안도李安道 · 이순도李純道 등이 확인된다.[41]

우탁의 위패는 1570년(선조 3) 8월 봉안하였다.[42] 봉안문은 퇴계가, 상

38 금보, 『매헌집』 연보. 실제 영해 단산서원에 전해지는 역동서원 원규를 보면 이산서원 원규와 동일한 것으로 확인된다.(申活, 『竹老集』 卷2, 序, 「院規」)

39 금보, 『매헌집』 권2, 잡저, 「易東書院記事」.

40 『역동서원속등록』, 扁額. 그러나 조근(1631~1680)은 도산서원을 방문한 기행문에서 역동서원의 사물잠과 숙흥야매잠 편액의 글씨가 퇴계의 것이라고 했다.(趙根, 『損菴集』 卷4, 記, 「尋陶山書院日記」)

41 李滉, 『退溪集』 卷4, 「齋中夜起看月詩」.

42 조목, 『월천집』 年譜. "穆宗隆慶四年庚午先生四十七歲 八月奉安禹祭酒先生于易東書院." 1568년 준공한 후 우탁의 봉안 때까지 2년의 기간이 소요된 사유는 현재 확인이 안 된다.

향축문은 조목이 지었다. 초대 산장[원장]에는 김부의金富儀가 임명되었다.[43] 이후 1682년(숙종 8) 10월, 정언 유명일俞命一(1639~1690)이 재상어사災傷御史로서 도산서원을 방문했을 때 역동서원 산장이었던 전찰방 이희철李希哲(1622~1693)이 사액을 요청하였고, 1683년(숙종 9) 1월 예조에 장계를 올려 역동서원 사액의 필요성을 역설하였다.

> 우탁의 충의와 높은 절개, 역학易學에 대한 깊은 공부는 실로 사림들이 존경하고 흠모하는 것으로, 고故 선정신先正臣 이황이 주창하여 우탁의 위패를 모시는 역동서원을 건립하였습니다. 근래 서원에서 사액을 청하는 폐단이 비록 시끄럽기는 하지만 역동서원의 경우에는 관례대로 사액을 하는 것이 마땅할 듯한데, 서원의 유림들이 아직까지 사액을 청하지 않았으니, 참으로 그 연유를 알 수 없습니다. 만약 선비들의 의논이 일제히 상소하여 사액을 청하였다면 끝내 그들의 청원에 부응하였을 것입니다. …(중략)… 강희康熙 22년(1683) 정월 27일에 .... 우탁의 학문과 절의가 이처럼 우뚝하니, 많은 선비들이 일제히 상소하는 것을 기다릴 필요 없이 특별히 역동서원에 사액하라."고 계하啓下하였다.[44]

서원이 국가로부터 사액賜額을 받는다는 것은 매우 큰 의미였다. 이는 서원이 국가가 공인한 교육기관으로 인정받는 것이며, 제향 대상 인

43 『도산급문제현록』, 김부의, "易東書院初成 先生命公爲山長 中司馬".

44 『書院謄錄』 숙종 9년(1683) 정월 26일.

물의 위상 또한 국가적으로 승인받았다는 뜻이었다. 역동서원은 1683년(숙종 9) 10월, 특별히 사액을 재가받았다.[45] 하지만 그해 12월, 명성왕후 김대비의 승하[46]로 인해 조정은 묘당의 일로 분주했고, 서원에 대한 공식 절차를 진행할 겨를이 없었다. 그래서 사액판을 걸고 제사를 올리는 의례(게액 및 치제)는 이듬해인 1684년(숙종 10) 10월 11일로 정해졌다.

조정에서는 예조좌랑 위정상魏定相(1634~1689)을 예관으로 선정하여, 향축香祝을 가지고 예안으로 내려보냈다. 그런데 역동서원은 이틀 전에서야 관문을 받았기 때문에 준비 시간이 턱없이 부족했다. 이에 예관에게 날짜 변경을 청원해서 10월 15일로 연기하였다. 10월 12일, 예안향교에서 유림들이 모여 전찰방 이희철을 치제 당일의 산장으로 선출하고, 15일로 치제를 미룬 사실을 열읍에 통고되었다.

당시 역동서원의 원장 김윤金琉은 체임되었지만, 신임 원장은 아직 권점圈點되지 않은 상태였다. 그래서 전현감 김휘세金輝世(1618~1690)가 원임原任으로서 향교에 와서 이희철을 단망單望했던 것이다. 원유들은 14일에 집사를 분정하고, 실수를 방지하기 위해 습례習禮를 진행했다. 15일에 예관이 사액판을 가지고 도착하자 유생들이 입도문 밖에서 지영祇迎하고, 치제 후 사액판을 걸었다.[47] 이처럼 사액을 받는 과정은 단순한

45 『숙종실록』 권14, 숙종 9년 10월 16일. 10월 16일 사액이 윤허된 후 12월에 김대비가 사망하면서 사액은 미뤄졌다. 『易東書院記』에 수록된 「賜額祭文」에는 갑자년(숙종 10) 10월 15일에 예조정랑 위정상이 왕명을 받아 예관으로 왔다는 것이 확인된다.

46 『숙종실록』 권14, 숙종 9년 12월 5일.

47 『易東書院續謄錄』, 賜額. 이날 상향축문 가운데 '雛牲' 두 글자는 宣額 후에 '牲幣'로 수정

행정 절차가 아니라, 지역 유림 전체가 참여하는 중대한 의례였다.

역동서원은 건립 이후 여러 차례 중수重修를 거쳤다. 1660년(현종 1), 1704년(숙종 30), 1740년(영조 16)에 당재堂齋를 수리하고, 1750년(영조 26)에는 묘우와 명교당을 수리하였다. 이 당시 위패는 명교당의 동쪽 협실인 정일재에 이안하였다가 후에 환안하였고, 명교당의 북쪽 담장 밖에 있었던 동몽재童蒙齋는 이때 허물었다.[48]

역동서원『중수창수록重修唱酬錄』을 보면, 1784년(정조 8)에는 정일재·광명실·동재·서재·전사청·주소 등을 개축하였다. 일기에는 "계단과 담장까지 모두 반듯한 모양으로 다듬어 사람들이 보기에 완전히 달라진 모습이었다"고 기록될 만큼 대대적인 공사였다.[49] 당시 공사의 가장 큰 특징은 공사 후 열린 낙성落成 기념 문회文會였다. 이귀성李龜星을 시작으로 이급李級, 이세원李世源 등 모임에 참석한 유림들이 중수의 기쁨과 서원 부흥에 대한 기대를 담아 시詩를 주고받았다. 이는 공사가 단순한 건축 행위가 아니라, 유림 공동체의 결속을 다지고 학문적 교류를 나누는 문화적 축제였음을 보여준다.

이외에도 이세흡李世翕과 김희범金希範 가문의 대를 이은 공헌을 특별히 강조하며 "선대先代의 뜻을 이은 사업"이라고 평가했다. 이는 선조의 업을 이어받아 발전시키는 '계술지도繼述之道'가 서원 공동체에서 열

하였다.

48 『역동서원속등록』, 廟宇; 院宇.

49 한국국학진흥원 편,『일기로 보는 도산서원 1』, 동아애드컴, 2024, 197~207쪽.

마나 중요한 가치였는지를 보여준다. 실제 당시 산장으로서 중수를 주도한 이세흡은 그의 조부와 부친 역시 역동서원의 중수를 맡았었기에 3대에 걸쳐 서원 보존에 헌신한 가문이었다. 김희범은 공사의 실질적인 감독인 동독董督이었다. 그의 부친 또한 이전 중수에 참여하여 2대에 걸쳐 봉사하였다.

19세기는 서원의 운영이 어려웠던 시기였다. 어려운 재정 상황으로 인해 건물의 수리도 제대로 진행되지 못하였다. 그래서 건물이 무너질 때마다 보수하기에는 형편이 어려워서 틈틈이 저축을 하였다. 이에 1810년(순조 10)에는 묘우만 수리했지만, 1835년(헌종 1)에는 대대적인 중수가 진행될 수 있었다.

당시 간역幹役을 맡았던 금시술琴詩述(1783~1851)이 지은 「역동서원중수기」를 보면 광명실, 정일재, 전사청, 협문과 정문, 동재, 서재 등을 수리하였다. 그러나 전염병으로 인해 벽과 계단은 공사를 하지 못하였다.[50] 주목되는 점은 다른 고을에 거주하는 우탁의 후손인 우종형禹鍾衡이 금시술과 함께 실무로 참여하여, 공사 초기부터 마무리까지 물자를 지원하고, 공사를 감독하며 헌신하였다는 것이다.

1858년(철종 9)에는 묘우와 강당, 동·서재 모두 기울고 무너져서 제 기능을 하지 못할 정도였다. 그러나 공사에 필요한 물품과 돈을 마련할 수 없어서 가장 피해가 심한 전사청典祀廳만 수리하였다. 이것은 어려운

50 琴詩述, 『梅村集』 卷4, 「易東書院重修記」.

여건 속에서도 제향이라는 서원의 핵심 정체성만큼은 반드시 지키겠다는 원생들의 강한 의지를 보여준다.

당시 묘우도 중수(1810)한 지 오래되어 붕괴를 우려할 정도였다. 하지만 수리할 여력이 없어서 후일을 기약하기로 했다. 이에 향교와 서원, 각처의 본손들에게서 약간의 자금을 마련하여 몇 년간 경영한 후 공사를 시작할 계획을 세웠다. 하지만 필요한 자금이 마련되기도 전에 묘우의 훼손이 심각하여 향사를 진행하기 어려울 지경에 이르렀다.

그래서 1862년(철종 13) 11월 26일에 위패를 정일재에 옮겨 봉안한 후 이듬해 1월에 새로운 원장으로 금성술琴誠述을 선발하고, 15일부터 공사를 시작했다. 하지만 여러 곳에 분배한 물품과 자금이 도착하지 않아서 공사가 지연되어 8개월만인 7월 27일에 위패를 봉안하였다. 그 동안 삭망례와 춘향례도 제대로 거행하기 어려웠다. 이에 책임을 지고 원장이 두 차례 체임되었다.

역동서원에서는 공사가 지연되자 예안현감에게 공사에 필요한 인력을 요청하여 온혜와 서면, 북면의 군정軍丁을 동원할 수 있었다. 그리고 영주의 후손이 10냥, 비안의 후손들이 30냥을 보내와서 공사비에 보태었다.

이처럼 당시 공사는 현감의 지원과 후손들의 부조, 예안사림들의 책임감으로 인해 진행되었다. 1862년의 묘우중수는 단순한 공사가 아니라, 위기에 처한 학문 공동체가 자신들의 정신적 구심점을 지키기 위해 어떻게 결속하고, 정당성을 확보했는지를 보여주는 생생한 증거이다.

특히 향사가 중단될 수 있다는 위기 상황에서 엄숙한 의례는 사액 서원의 권위를 회복하고, 그 존재 이유를 다시금 각인시키는 중요한 역할을 했다. 그래서 공사를 시작하기 전 관아에 먼저 알리고, 엄격한 의례 절차를 통해 임원 선발과 이안 · 환안례를 진행하면서 공동체의 결속을 다졌다.

실제 도집례부터 향로를 받드는 봉향에 이르기까지, 다양한 직책을 후손과 예안의 여러 인사들이 분담함으로써 공동체 구성원으로서의 역할과 책임감을 부여했다. 또한 이안 · 환안례에 필요한 제수를 관아로부터 제공받음으로서 사액서원의 지위도 재확인하는 계기가 되었다. 이는 역동서원이 사적인 공간이 아니라, 국가와 지역 사회의 공인을 받는 공적인 교육 및 제향 기관임을 대내외에 천명하는 행위였다.

이처럼 역동서원은 시대마다 보수와 개축을 거듭하며, 지역 유림의 중심 공간으로 기능해왔다. 그러나 1871년(고종 8) 대원군의 서원 철폐령으로 훼철되면서 역동서원의 서적과 기물 등은 도산서원으로 이관되었다. 이는 조선후기 서원이 정치적 · 재정적 부담으로 인식되면서 전국적으로 정비 대상이 되었던 흐름의 일환이었다.

역동서원의 운영과 위상 변화

역동서원은 퇴계 이황이 거주하던 예안에 세워졌다. 그리고 퇴계가 생전에 직접 제향인 선정, 부지 결정, 건물 명칭, 규정 제정 등 건립의 모든 과정에 참여한 유일한 서원이었다. 그만큼 역동서원은 퇴계의 교육 철학과 서원 운영 원칙이 고스란히 담긴 공간이었다. 그래서 퇴계 사후에 건립되는 서원들은 역동서원을 모범으로 삼았다. 일례로 도남서원 건립 시, 정경세와 류성룡은 묘우의 위치와 서원 명칭을 결정할 때 역동서원을 참고했다.[51] 도산서원의 제향 의례(홀기)도 역동서원의 방식을 따랐다.[52]

하지만 1575년(선조 8), 퇴계를 제향하는 도산서원이 건립되고, 그해에 사액을 받으면서 역동서원의 위상은 크게 흔들렸다. 퇴계 문인들의 관심이 도산서원으로 집중되었기 때문이다. 당시 퇴계의 문인 김성일金誠一은 "예안은 잔약한 고을인데, 여기에 서원이 두 개 생기면 결코 모두 보존될 수 없다. 도산에 새 서원이 생기면 먼저 세운 역동서원은 쇠퇴할 것이다. 퇴계가 평소 깊은 관심을 가지고 세운 역동서원은 의미가 범상치 않은데, 문인이 세운 도산서원 때문에 버려진다면 이는 선사先師에 대한 도리가 아니다."라고 하였다.[53]

김성일의 우려는 현실이 되었다. 이후 역동서원은 도산서원의 부속

51 鄭經世, 『愚伏集』 卷9, 書, 「上西厓先生稟目」.
52 李晩燾, 『響山集』 卷6, 書, 「與國卿」.
53 金誠一, 『鶴峯全集』 續集, 卷4, 「與趙月川(甲戌)」.

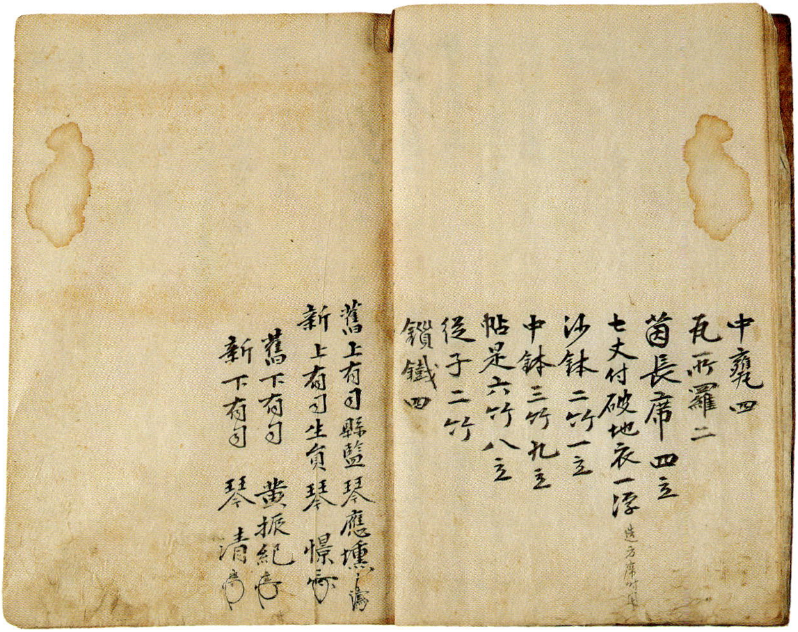

역동서원 전장기(만력 44년 1월 20일)(한국국학진흥원 소장 - 도산서원 운영위원회 기탁자료)

서원처럼 여겨지게 되었다. 퇴계 문인들의 서원 방문 순서에서도 그러한 인식이 반영되었다. 조목은 1603년(선조 36)과 1604년(선조 37) 1월의 정알례正謁禮에서 도산서원에 먼저 배알한 뒤 역동서원에 배알했다.[54] 당시 퇴계 문인을 대표하는 조목의 알묘 순서는 양 서원에 대한 문인들

54 조목, 『월천선생연보』 31년 계묘년(1603, 선조 36) 1월; 32년 갑진년(1604, 선조 37) 1월.

의 인식과 위계를 보여주는 상징적인 사례였다.

퇴계를 매개로 그가 살았던 고을에 위치하고, 그가 처음 건립하고, 그를 제향하기 위해 처음 건립된 곳인 역동서원과 도산서원은 운영 면에서도 밀접한 관계를 맺었다. 서원의 운영을 담당하는 유사有司는 동시에 양쪽 서원을 겸직하는 경우가 많았다. 역동서원『전장기』와 도산서원『전임안』·『전장기』를 비교하면 도산서원의 상·하유사가 역동서원의 상·하유사를 겸한 사례가 확인된다.[55]

역동서원의 원규에는 "서원의 유사는 근처에 사는 청렴하고 재간 있는 품관 두 사람으로 정하고, 또 선비 중에 사리를 알고 조행이 있어서 여러 사람이 추앙하고 복종할 수 있는 사람 하나를 골라서 상유사로 삼되, 모두 2년마다 교체한다."라고 유사 선발 기준이 명시되어 있다.[56] 즉, 상유사와 하유사 각 1인씩을 선발하여 2년마다 교체하는 방식이었다.

실제 역동서원『전장기』를 보더라도 상유사와 하유사 각 1인씩이 나온다.『전장기』에서 확인되는 상·하유사를 정리하면 다음과 같다.

55 도산서원『전임안』은『퇴계학연구』2집(단국대학교 퇴계학연구소, 1988)에 활자화되어 공개되어 있다. 아울러 도산서원 원장에 대한 명단과 분석은 우인수,「조선후기 도산서원 원장의 구성과 그 특징」,『퇴계학과 유교문화』53(경북대학교 퇴계연구소, 2013)에서 확인 가능하다. 한편 도산서원을 설립한 후부터 도산서원과 역동서원의 원임을 하나로 합쳐서 선출하였다.(『역동서원속등록』, 有司) 이런 모습은 1740년(영조 16)부터 역동서원 재유사를 별도로 선발할 때까지 지속되었다. 하지만 원장은 이후에도 도산서원 원장이 역동서원을 함께 관장하였다.

56『역동서원 원규』. 이 원규는 이산서원 원규와 같다.

〈표 1〉 역동서원 상·하유사 명단

연도	상유사(원장)	경력	하유사(유사)	경력	비고
1596.1.20	금응훈(琴應壎)*	현감	황진기(黃振紀)	유학	구원장 및 유사
1596.1.20	금경(琴憬)*	생원	금청(琴淸)	유학	《전장기》(성책0055)
1598.4.10	김기(金圻)*	참봉	금청	유학	
1599.1.24	김기*	참봉	신충남(申忠男)	유학	
1601.1.8	김기*	참봉	이경희(李景喜)	유학	
1601.12.9	김기	참봉	김경명(金景鳴)	유학	
1602.2.21	김택룡(金澤龍)*	판관	김경명	유학	
1602.9	김기*	참봉	김경명	유학	
1603.12.2	김택룡*	판관	김경명	유학	
1604.1.26	김택룡	판관	신효남(申孝男)	유학	
1604.11.6	금응훈*	전(前)현감	신효남	유학	
1605.1.9	금응훈	전현감	구사의(具思義)	유학	
1607.2.6.	금응훈	전현감	구사례(具思禮)	유학	여강서원 목면7필부조
1609.6	금경*	전봉사	이경원(李景元)	유학	
1610.4.9	이유도(李有道)*	유학	이경원	유학	
1610.4.9	김평(金坪)*	생원	이경원	유학	신원장
1612.2.3	금경*	전봉사	이종(李淙)	유학	
1614.1.13	김택룡*	전군수	박선윤(朴善胤)	유학	
1616.2.27	김평*	생원	박선윤	유학	5.13改傳掌
1616.9.17	김평*	생원	이린(李璘)	유학	
1616.10.27	이영도(李詠道)*	전군수	이린	유학	
1618.1.18	이영도*	전군수	구사례	유학	
1619.1.24	이영도*	전군수	신효남	유학	
1619.10.12	김령(金坽)*	전주서	신효남	유학	
1621.2	김령*	전주서	김덕유(金德裕)	유학	《전장기》(성책0056)
1621.4	김택룡*	전군수	김덕유	유학	
1622.1	이영도*	전군수	김덕유	유학	
1623.3.9	이영도*	전군수	이창(李菖)	유학	

1623.6.7	금경*	전봉사	이창	유학	
1625.1.13	이유도*	유학	채원준(蔡元俊)	유학	
1626.4.10	금업(琴㦜)*	전부사	채원준	유학	
1626.10.1	김광계(金光繼)*	유학	권정립(權挺立)	유학	
1627.4	금개(琴愷)*	전목사	이렴(李濂)	유학	
1628.1.21	김확(金確)*	생원	이렴	유학	
1628.3.26	김광계*	전교관	김덕창(金德昌)	유학	
1632.1.14	김광계*	전교관	류감(柳戡)	유학	
1633.1.17	이영도*	전목사	류감	유학	
1634.3.15	이영도*	전목사	금영성(琴永成)	유학	
자료 누락					
1683.11.13	김상(金瑺)	유학	이성청(李聖清)	유학	《전장기》(성책0057)
1683.11.13	이극철(李克哲)*	전주부	이성청	유학	
1683.12.6	이극철*	전주부	김태지(金泰祉)	유학	
1684.1.4	이극철*	전주부	김중철(金重澈)	유학	
1684.6.16	김윤(金玧)*	유학	김중철	유학	
1685.1.23	이희철(李希哲)*	전찰방	권대경(權大經)	유학	사액, 거접(식년)시행
1685.8.12	성문하(成文夏)*	생원	권대경	유학	
1685.12.25	이극철(李克哲)*	전주부	권대경	유학	
1686.5.2	김이(金怡)*	유학	권대경	유학	
1687.2.17	이희철(李希哲)*	전찰방	권대경	유학	
1688.1.21	[이극철]		권대경	유학	《전장기》에는 신임 원장명 누락이나 당시 도산서원 에서 이극철이 신임 원장으로 선출되었다가 곧 李彬漢으로 체임됨.

※ *는 도산서원 원장임.

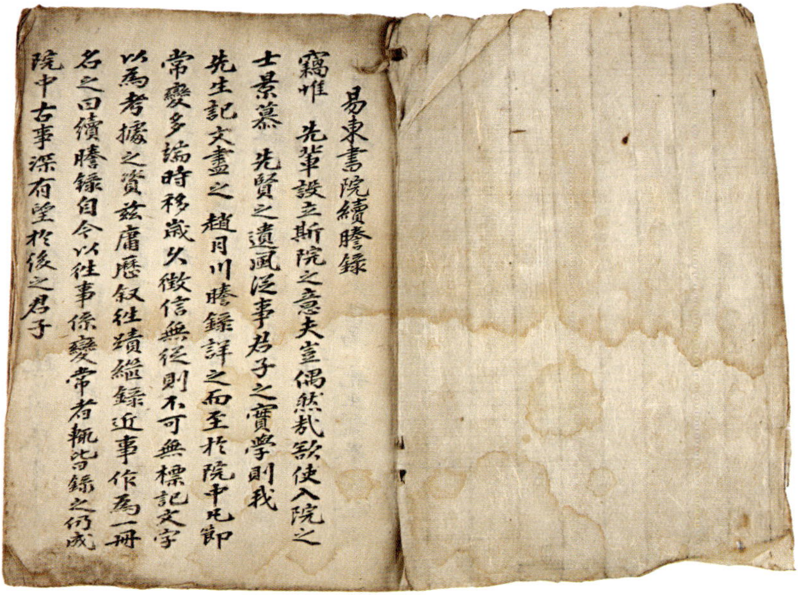

易東書院續謄錄
竊惟 先輩設立斯院之意夫豈偶然哉欲使入院之
士景慕 先賢之遺風從事君子之實學則我
先生記文盡之 趙月川謄錄詳之而至於院中凡節
常變多端時移歲久徵信無從則不可無標記文字
以爲考據之資玆庸歷叙往績繼錄近事作爲一冊
名之曰續謄錄自今以往事係變常者輒皆錄之仍成
院中古事深有望於後之君子

역동서원속등록[정축(1757) 8월 18일](한국국학진흥원 소장 - 도산서원 운영위원회 기탁자료)

『역동서원속등록』에 따르면, 18세기 중반 이전에는 상유사 1인과 재임 2인을 두었고, 상유사는 1년마다 교체되었다.[57] 원규에는 유사의 임기를 2년으로 규정했지만, 실제로는 서원 운영의 어려움으로 인해 임기를 줄이는 것이 일반적이었다. 특히 원장직은 유학幼學이 아닌 원임原任과 진신搢紳(관직자)으로 구성되었고, 자격을 갖춘 인물이 부족해 연임과

57 『역동서원속등록』, 有司.

중임이 반복되었다.

1667년(현종 8) 이식李埴·이우李堣·이해李瀣를 제향하는 청계서원淸溪書院 건립 이후, 도산서원 원임院任이 역동서원의 사례를 따라 청계서원 원임을 겸직하게 되었다. 겸직으로 인해 도산서원 원임들의 업무가 증가했고, 동시에 역동서원과 도산서원의 경제적 기반 확대로 인해 관리 인력의 확충 필요성이 대두되었다.[58]

초창기 역동서원의 재산은 노비 11구, 전답 615부 12속으로, 당시 다른 서원에 비해 많지 않았다.[59] 초대 원장 김부필은 식리殖利를 통해 재원을 늘리려 했지만, 퇴계의 반대로 시행하지 못하였다.[60] 대신 원속院屬의 모입募入과 속점屬店 경영을 통해 재원을 마련하였다. 역동서원은 건립 당시 관가에서 획급한 속점이 백운지白雲池에 있었는데, 이곳의 신공身貢이 서원 향사를 거행하는 데 큰 기여를 하였다.[61] 예안현 읍지인 『선성지宣城誌』에 따르면, 서원 내에 곡물 300석이 항상 비축되어 있어 인재 양성에 활용했다고 전한다.[62]

58 이수환, 『조선후기 서원연구』, 일조각, 2001, 156~204쪽.

59 정진영, 「예안 역동서원 연구」, 『역동선생의 사상과 역동서원의 역사』, 안동대학교, 1992, 234~241쪽. 역동서원의 노비와 전답에 대한 내용은 이 글을 참고 바람.

60 김성일, 『학봉전집』 속집, 권5, 잡저, 「退溪先生言行錄」.

61 『역동서원속등록』, 屬案; 『宣城誌』, 匠店, 「白雲池」. “백운지에는 대장간이 십여 집이 살고 있는데 역동서원에 소속되었다. 만약 이 대장간이 없다면 역동서원에서 매년 거행하는 춘추 제향에 볼 모양이 없을 것 이니, 크게 유관한 곳이다. 이곳이 예안현의 第六曲인데, 낙천의 왼쪽이다”라고 기재되어 있다.

62 『宣城誌』, 書院, 「易東書院」.

결과적으로 신공을 통해 재원을 불려오면서 17세기 말에는 노비가 73구로 확대되었다.[63] 그리고 피역避役을 목적으로 투속한 원속도 큰 기여를 했던 것으로 보인다. 원속의 수는 확인이 안 되지만 왕명으로 특별히 원속을 침탈하는 것을 금지하고, 이들을 서원 운영에 필요한 재원으로 활용케 한 것을 보면 이후에도 지속적인 모입이 있었을 것으로 추정된다.[64]

이외에도 역동서원은 건립 초기에 월포越浦의 소나무를 서원 좌우에 심어 송림松林을 조성하였다. 서원 건립 당시부터 향후 수리를 위한 목재를 조달하기 위하여 대비한 것이다. 실제 건물 수리에서 가장 중요한 재목材木의 조달과 운반에는 거리에 따라서 필요한 인력과 비용이 달랐다. 그렇기에 서원 인근에 조성된 숲에서 재목을 조달하는 것은 수리시 비용을 절감하는 데 큰 기여를 했다. 그래서 절목節目을 정하여 건물 수리나 자연재해, 병충해 등으로 말라 죽은 것이 아니라면 함부로 베지못하도록 하고, 이를 어길시에는 논의하여 벌을 주었다.[65]

63 『역동서원속등록』, 別庫. 역동서원 노비는 점차 확대되어서 예안뿐만 아니라 경주에도 있었다.

64 1676년(숙종 2)에는 병조에서 장계를 올려 역동서원과 문묘종사대현을 제향하는 옥산서원 · 도동서원 · 용문서원 · 도봉서원 · 오천서원 등에서 유생들이 강학을 이어나갈 수 있도록 일찍이 모집한 백성들을 찾아내어 빼앗지 말고, 다만 더 이상 모집하지 말도록 하는 게 합당하다고 했다.(『승정원일기』 숙종 2년 11월 13일) 이외에도 1684년(숙종 10) 사액을 받은 후 조정에서 수호군 20명과 保奴 7명을 획급하였다. 역동서원은 이들의 신공을 받아 유생들의 공궤비에 보태었는데, 18세기 중반에 이르러 군역에 차정되면서 남은 자들이 없어질 지경이었기에 매년 관에 고하여 成帖을 수정하였다.(『역동서원속등록』, 속안)

65 『역동서원속등록』, 觀水臺 松林.

17세기 말 도산서원『전장기』에는 역동서원이 목면, 제기, 그릇 등을 대여하거나 서적 인출 비용을 도산서원이 부담한 기록이 다수 확인된다.[66] 이는 역동서원의 재정이 확충되었음에도 관리 부실로 인해 도산서원의 지원이 필요했던 상황을 보여준다.[67]

실제 역동서원은 1734년(영조 1)에 경주의 노비 5명을 속량贖良하고 받은 300동銅으로 약간의 전답을 사서 별고別庫로 분류하여 관리하며 서원 비용에 보태었다. 그러던 중 1757년(영조 33) 이전에 처분하고 본고本庫로 통합하였다. 운영하던 별고를 처분하고 본고에 붙인 것은 당시 여타 서원과 마찬가지로 관리상의 어려움으로 보인다. 즉 도산서원 원임이 역동 · 청계서원 원임을 겸직하면서 역동서원 관리에 소홀해졌던 것이다.

이를 해결하기 위해서는 원임 인력의 확충이 필요했다. 도산서원 원임들은 오랫동안 도산 → 역동 → 청계서원 순으로 분향과 향사를 거행해왔다. 하지만 같은 날 세 서원이 향사를 치르는 경우, 청계서원은 해가 저문 뒤에 분향하는 일이 잦았고, 국기國忌로 인해 도산서원 향사가 미뤄지면 세 서원이 동시에 향사를 치르는 혼란도 생겼다. 이에 따라 사액서원인 역동서원에는 별도의 임원을 선출하자는 의견이 나왔지만, 오랜 규례를 바꾸는 것이 쉽지 않았다.

결국 문제가 반복되자, 1739년(영조 15) 도산서원과 역동서원의 재임

66 『傳掌記』丁未(1667) 2월 초5일.

67 『역동서원속등록』, 別庫.

을 분리하여 선출하기로 결정했고,[68] 1740년(영조 16)부터 역동서원에는 별임 하유사 1인을 두었다. 그러나 1750년(영조 32)에는 폐지되었다. 이는 원임 선발의 어려움과 재정 축소로 인해 불필요해졌기 때문으로 보인다.[69]

한편 1669년(현종 10) 예안에서는 계암溪巖 김령金坽(1577~1641)을 역동서원에 종향從享하려는 논의가 일어났다.[70] 표면적인 이유는 이괄의 난 당시 절개를 지킨 인물이자, 역학에 밝고 학문이 뛰어나며, 역동서원 원장을 역임하며 문풍을 진작시켰다는 것이다. 하지만 이 논의는 청계서원이 건립된 직후에 등장했다는 점에서 주목할 만하다.

예안 · 안동 지역은 일찍부터 재지사족의 향촌 지배체제가 확립된 곳이었고, 가문 간의 우열 경쟁이 활발했다. 청계서원은 퇴계 이황의 학통을 이은 진성이씨 대종가의 문중서원으로서, 서원 신설 금령을 피할 수 있었던 특수한 사례였다. 하지만 예안 향촌사회의 한 축을 담당하였던 광산김씨 가문이라고 하더라도 소읍인 예안에 연이어 서원을 건립하는 것은 금령禁令뿐만 아니라 재원 마련과 추후 운영 등에서도 부담스러운 일이었다.

68 권상일, 『청대일기』 1739년(영조 15) 12월 22일.

69 실제 1750년(영조 16) 당시 역동서원은 묘우와 강당을 중수하는 등 대대적인 역사를 진행하였다. 주변 원사와 문중들에게 도움을 받았겠지만 서원의 재정에도 큰 부담이 되었던 것은 분명하다.

70 金坽, 『溪巖先生文集』 卷6, 附錄, 「與宣城士林書 與李正爾松(開谷, 1598~1665)諸公」·「與宣城士林書 與金別坐烇(1602~1684)諸公」; 柳元之, 『拙齋先生文集』 卷12, 雜著, 「通道內文(己酉)」.

이에 광삼김씨 가문은 퇴계가 직접 건립에 관여한 역동서원에 종향하는 방식으로 가문의 위상을 높이려 했던 것이다. 하지만 김령을 종향하려면 명분이 필요했다. 그래서 우탁과 김령이 직접적인 접점은 없지만, 학문과 절개가 유사하다는 논리를 내세워 공론을 형성했다. 실제로 류원지柳元之가 중심이 되어 도내에 통문을 돌려 의견을 취합했지만 종향은 성사되지 않았다. 정확한 이유는 기록에 남아 있지 않지만, 광산김씨를 견제한 다른 가문들의 반대 여론이 있었던 것으로 추정된다.

이후에도 종향 논의는 반복되었다. 1781년(정조 5) 도산서원 치제를 앞두고 재차 종향 논의가 일어났다. 이때 이상정李象靖이 종향의 타당성을 역설하며 적극적으로 나섰고, 예관禮官으로 왔던 좌부승지 이양정李養鼎을 통해 국왕에게 정문呈文을 진달했다.[71] 그 후의 진행 과정은 확인이 안 되지만 결과적으로 김령의 추향은 성사되지 못하였다.

이 사례는 서원이 단순히 선현을 기리는 공간이 아니라, 가문의 명예와 향촌 사회의 권력 구조를 반영하는 상징적 공간이었다는 점을 보여준다. 특히 사액서원에 추향하는 것은 단순한 추모를 넘어 국가의 공인을 받는 방식으로 가문의 위상을 높이는 전략이었다. 하지만 그만큼 정치적 이해관계와 지역 여론, 그리고 조정의 승인 절차가 얽혀 있었기에 추향은 매우 어려운 일이었다.

71 李象靖,『大山集』卷28, 書,「與李日昇 鎭東(辛丑)」; 도산서원『賜祭日記』1781년 5월 21일.(한국국학진흥원 소장본) 도산서원 치제시 예방한 예관(좌부승지 이양정)에게 전달한 정문은 정언 李級이 짓고, 이를 향원이 토론하고 전현감 李守貞이 윤색하였으며, 유생 李龜疇가 베껴 적었다.

스승의 자취는 지울 수 없으니

역동서원은 퇴계 이황이 거주하던 예안에 세워졌고, 예안 지역 사족들과 수령의 적극적인 후원으로 건립되었다. 그만큼 서원은 지역 유림의 집결지로서 큰 의미를 지녔다. 퇴계가 세상을 떠난 이듬해인 1571년(선조 4) 그의 문집을 편찬하기 위한 모임도 역동서원에서 개최되었고, 이후에도 『심경』과 『계몽서啓蒙書』 등의 강학이 이루어졌다.[72] 역동서원은 단순한 제향 공간을 넘어 학문과 교류의 중심지였다.

하지만 1575년(선조 8), 퇴계를 제향하는 도산서원이 건립되고, 사액을 받으면서 상황은 크게 달라졌다. 퇴계의 문인들이 도산서원 건립과 함께 그곳의 운영에 집중하면서 역동서원에 대한 관심은 점차 줄어들게 된 것이다. 도산서원 건립 당시 퇴계의 고제高弟 김성일은 한 고을에 퇴계를 제향하는 서원 건립으로 인해 퇴계가 깊은 관심을 가지고 세운 역동서원이 버려질 수 있다고 우려하였다.[73]

실제 김성일의 말처럼 도산서원의 건립은 역동서원의 위상을 위협하는 사건이었다. 도산서원이 중심이 되면서 역동서원은 부속 서원처럼 여겨지게 되었다. 퇴계 문인들의 행동에서도 그 변화는 뚜렷하게 나타났다. 조목은 도산서원과 역동서원의 정알례正謁禮에 참석하면서 도산서원에 먼저 배알한 후 역동서원에 배알했다. 이는 문인들이 두 서원

72 금보, 『매헌집』 연보(1571 · 1572); 조목, 『월천선생연보』(1581년, 1594년 6월) 참조.

73 金誠一, 『鶴峯全集』 續集, 卷4, 「與趙月川(甲戌)」. "陶山書院將董役於今春云 此是斯文一大事 其爲欣幸 如何可言 但縣殘役巨 未知將何克濟 且一縣兩院 決難保存 新院若立則舊院將廢 此乃我先生平日所議立者也 其刱建之意 不爲偶然 若仍陶山而有廢墜之虞 則先生在天之靈 豈能安乎."

에 대해 갖고 있던 위계 인식을 보여주는 상징적인 사례였다. 또한, 도산서원의 상유사上有司가 역동서원의 상유사를 겸직했던 사실도 두 서원의 관계를 잘 보여준다. 도산서원이 중심이 되고, 역동서원이 그에 종속된 구조로 운영되었던 것이다.[74]

역동서원에서는 건립 초기부터 춘추향사春秋享祀를 중월仲月 하정일下丁日에 시행해왔다. 이는 도산서원의 향사일과 의도적으로 구분하기 위한 선택으로 보인다. 하지만 1740년(영조 16) 역동서원이 사액서원이 된 이후, 사림들이 의논하여 중정일中丁日로 변경하고 관에 보고했다. 이는 도산서원과 격을 맞추기 위한 조치로서 이후부터 같은 날에 향사를 거행하게 되었다.

향사는 전쟁, 국상과 같이 특별한 사유가 없는 한 빠짐없이 진행되었다.[75] 초기 규정에 따르면, 국기國忌[국가적 애도일]에도 향사는 취소하지 않았다. 그러나 국상國喪이 발생하면 춘추향사를 모두 정지하는 것이 원칙이었다. 하지만 1684년(숙종 10) 안동 사림들이 논의하여 국상을 당해도 졸곡卒哭(3개월) 전에는 향사를 정지하고, 졸곡 후에는 향사를 거행하는 새로운 규정을 마련했다. 이는 유림의 자율적 의례 조정을 보여주는 중요한 사례이다.

74 역동서원과 도산서원『傳掌記』말미를 보면 상유사는 겸임이고, 하유사는 달리 임명되고 있다.(이수환,『조선후기 서원연구』, 일조각, 2001, 110~111쪽)

75 『역동서원속등록』, 향례.

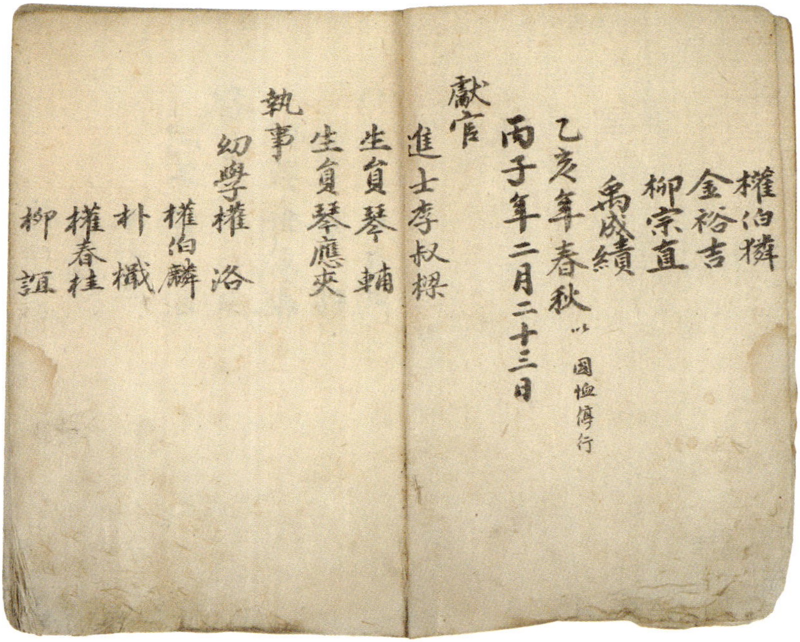

權伯麟
金裕吉
柳宗直
禹成績
乙亥年春秋 以國恤停行
丙子年二月二十三日
獻官
進士李叔樑
生員琴輔
生員琴應夾
執事
幼學權浴
權伯麟
朴櫶
權春桂
柳誼

역동헌관집사안[갑술(1574) 8월 26일~병자(1576) 2월 23일]

역동서원은 예안 지역의 유림이 중심이 되어 운영한 서원으로 향사 의례는 엄격한 규범에 따라 진행되었다. 향사를 주관하는 인물은 헌관이며, 이를 보좌하는 집사가 함께 참여한다. 『헌관집사안獻官執事案』을 보면, 초헌관初獻官은 서원의 원장이 맡기도 했으나, 예안현감이나 전직 관료가 있을 경우 원장은 아헌관亞獻官으로 물러났다. 종헌관終獻官은 고을의 원로나 원유院儒 가운데 연장자 내지 명망있는 인물로 정했다.[76] 이는 지역 내 위계질서를 반영한 선택이다.

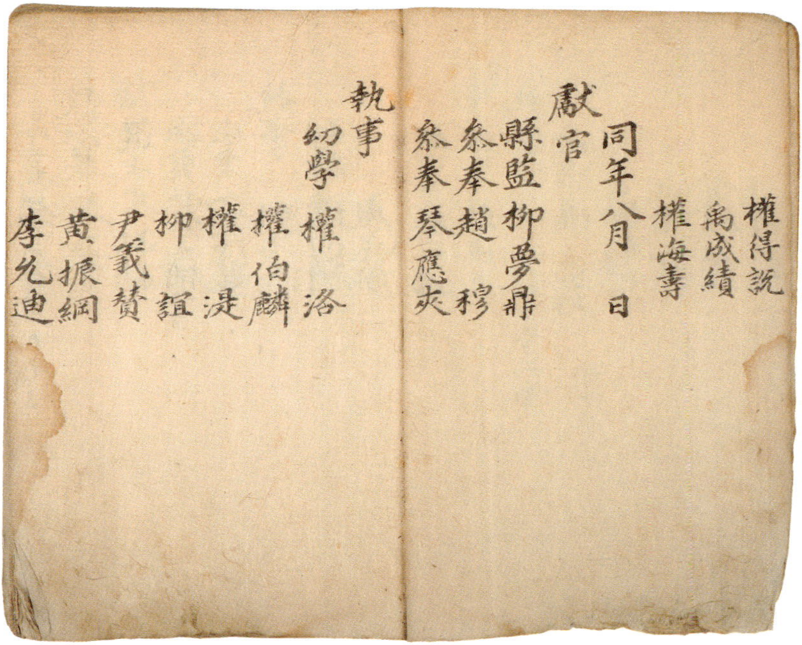

禹成績
權海壽
同年八月 日
獻官
縣監 柳夢鼎
參奉 趙穆
參奉 琴應夾
執事
幼學 權洛
權伯麟
柳誼
尹義贊
黃振綱
李光迪

(한국국학진흥원 소장 - 도산서원 운영위원회 기탁자료)

역동서원과 도산서원은 원임을 공유하고 있었기에 헌관이 동일했을 가능성이 있다. 헌관은 예안 지역을 대표하는 인물로 선정되었기 때문에 두 서원에서 같은 인물이 맡았을 개연성이 높다. 반면, 집사는 제수 준비와 진설 등 실무를 담당했기 때문에 서원별로 달랐을 가능성이 크다.

76 역동서원『헌관집사안』은 현재 한국국학진흥원에 소장되어 있다.

〈표 2〉 역동서원 헌관집사안

연도	초헌	비고	아헌	비고	종헌	비고
1574	이숙량(李叔樑)	진사	김부의(金富儀)	생원	금난수(琴蘭秀)	생원
1575	국휼정행(國恤停行)					
1576.2	이숙량	진사	금보(琴輔)	생원	금응협(琴應夾)	생원
1576.8	류몽정(柳夢鼎)	현감	조목(趙穆)	참봉	금응협	참봉
1577.2	이숙량	진사	금보	생원	김택룡(金澤龍)	생원
1577.8	금응협	참봉	금난수	생원	이덕홍(李德弘)	유학
1578	국휼정행					
1579.2	금응협	참봉	금응훈(琴應壎)	생원	김택룡	생원
1579.8	이숙량	진사	오수영(吳守盈)	진사	김택룡	생원
1580.2	이숙량	진사	오수영	진사	금응협	참봉
1580.8	조목	현감	오수영	진사	김택룡	생원
1581.2	금보	생원	오수영	진사	류의(柳誼)	유학
1581.8	류윤(柳贇)	유학	금응훈	생원	우치무(禹致武)	유학
1582.2	금응훈	생원	류종화(柳宗和)	유학	김기(金圻)	유학
1582.8	김몽웅(金夢熊)	예안현감	조목	도사	금응훈	생원
1583.2	금응훈	생원	윤의훈(尹義勳)	유학	우성적(禹成績)	유학
1583.8	조목	전도사	금보	생원	금응협	생원
1584.2	조목	전도사	이종도(李宗道)	진사	김택룡	생원
1584.8	이숙량	진사	류빈	유학	류의	유학
1585.2	이숙량	진사	금응협	참봉	이광승(李光承)	유학
1585.8	조목	정랑	이숙량	진사	금응협	참봉
1586.2	금응훈	생원	류의	유학	우성적	유학
1586.8	서천일(徐千一)	진사	권락(權洛)	훈도	우치무	유학
1587.2	조목	정랑	금응훈	생원	김기	유학
1587.8	조목	정랑	박운(朴蕓)	유학	금응훈	생원
1588.2	이숙량	진사	이광승	유학	오윤(吳奫)	유학
1588.8	금응훈	생원	김지(金址)	유학	류종직(柳宗直)	유학

1589.2	금응훈	생원	류의	유학	류종직	유학
1589.8	류종화(柳宗和)	유학	류의	유학	금경(琴憬)	생원
1590.2	이숙량	진사	채운경(蔡雲慶)	유학	금경	생원
1590.8	금난수	사평(司評)	박운	유학	서천일	진사
1591.2	이숙량	진사	우경충(禹景忠)	훈도	이덕승	유학
1591.8	이숙량	진사	우경충	훈도	김기	유학
1592.2	김기	유학	류의	유학	우성적	유학
1594.8	이때부터 향사 재시행함. 1년간 명단 누락됨.					
1595.8	김부륜(金富倫)	전현감	금응훈	생원	금경	생원
1596.2	금경	생원	류의	유학	오윤	유학
1596.8	이영도(李詠道)	전판관	금경	생원	금개(琴愷)	생원
1597.2	이영도	전판관	금경	생원	김평(金坪)	생원
1597.8	금경	생원	류의	유학	금개	생원
1598.2	금경	생원	김기	유학	금개	생원
1598.8	금개	생원	김기	유학	우성적	유학
1599.2	금경	생원	우성적	유학	조우인(曺友仁)	진사
1599.8	김기	유학	이신도(李信道)	유학	우성적	유학
1600.2	김취의(金就義)	예안현감	김기	유학	우성적	유학
1600.8	국휼정행					
1601.2	국휼정행					
1601.8	김취의	현감	김기	유학	우성적	유학
1602.2	오금(吳淦)	생원	정득(鄭得)	유학	박수의(朴守誼)	생원
1602.8	김택룡	判官	구사례(具思禮)	유학	박수의	생원
1603.2	김기	참봉	박수의	생원	김숙(金琡)	생원
1603.8	김기	참봉	김의원(金義元)	유학	이유도(李有道)	유학
1604.2	김택룡	제독(提督)	구사례	유학	김계종(金繼宗)	유학
1604.8	김택룡	제독	우성적	유학	오윤	유학
1605.2	금응훈	전현감	우성적	유학	김회일(金會一)	생원
1605.8	금응훈	전현감	김회일	생원	김숙	생원

1606.2	금응훈	전현감	우성적	유학	김평	생원
1606.8	기록하지 않음					
1607.2	기록하지 않음					
1607.8	금응훈	전현감	윤의찬(尹義贊)	생원	김숙	생원
1608	국휼정행					
1609.2	금응훈	전현감	김회일	생원	손우(孫祐)	유학
1609.8	김계종(金繼宗)	진사	우성적	유학	김덕유(金德裕)	유학
1610.2	금경	전봉사	우성적	유학	손우	진사
1610.8	김평	생원	우성적	유학	서긍(徐兢)	유학
1611.2	김회일	생원	정득	유학	황유문(黃有文)	유학
1611.8	이영도	전부사	금경	봉사	윤의찬(尹義贊)	생원
1612.2	서긍	유학	손우	진사	김광계(金光繼)	유학
1612.8	금경	전봉사	김계종	진사	손우	진사
1613.2	김중청(金中淸)	제독	금경	전봉사	김평	생원
1613.8	금개	전군수	김회일	생원	이립(李苙)	생원
1614.2	김택룡	전군수	김회일	생원	손우	진사
1614.8	김택룡	전군수	우성적	유학	김계종	진사
1615.2	김택룡	군수	김회일	생원	김계종	진사
1615.8	김택룡	군수	이모(李慕)	진사	이지형(李之馨)	생원
1616.2	김택룡	전군수	금경	전봉사	우성적	유학
1616.8	김평	생원	우성적	유학	황유문	유학
1617.2	금경	전봉사	우성적	유학	이광욱(李光郁)	유학
1617.8	이영도	전군수	우성적	유학	이유도	유학
1618.2	금경	전봉사	손우	진사	박유일(朴惟一)	유학

일례로 1576년(선조 9)의 추향시에는 현감 류몽정柳夢鼎이 초헌, 참봉 조목(1524~1606)이 아헌, 참봉 금응협(1526~1586)이 종헌으로 참여했다. 조목은 도산서원 초대 원장을 역임하고, 뒤이어 금응협이 원장을 역임했

다.[77] 즉 이들이 당시 역동서원의 전현직 원장이었던 것으로 추정된다.

또한 1592년(선조 25) 추향부터 1595년(선조 28) 춘향까지는 왜란으로, 1627년(인조 5) 춘향은 호란으로 향사를 정행停行하였다. 그러나 『헌관집사안』을 보면 명단은 없지만 1594년(선조 27) 추향시부터 향사를 재개한 것으로 부기附記하고 있다. 이외에도 1575년(선조 8), 1578년(선조 11), 1600년(선조 33), 1601년(선조 34), 1608년(선조 41)의 사례와 같이 국휼 시에는 향사를 정지했으며, 전염병[癘疫(=瘟疫)]으로 정지한 것도 수차례 있었다.

헌관과 집사는 향사 시 정해진 복장을 착용했다. 일반 시기에 헌관은 흑단령黑團領, 봉미대鳳尾帶, 오복두烏幞頭, 수홀手笏을, 집사는 흑건청의黑巾靑衣를 착용했다. 국휼國恤 시기에는 복식이 달라졌다. 헌관은 백립白笠과 백의白衣를, 집사는 백건복白巾服을 착용했다. 1757년(영조 33) 이후에는 졸곡卒哭 후 향사를 거행하며, 헌관 복식이 백포白布 소재 중심으로 정비되었다. 이때 헌관은 백포 척복두裹幞頭, 척대裹帶, 백포직령白布直領을 착용했다.[78]

역동서원은 1684년(숙종 10) 사액을 받은 이후 관청으로부터 향사용 제물祭物을 지원받았다. 『역동서원속등록』에 따르면, 사액 이후 정재일正齋日[향사일]에 관아에서 제수를 보내주었으며, 이를 받기 위해 배래유

77 우인수, 「조선후기 도산서원 원장의 구성과 그 특징」, 『영남학』 53, 경북대학교 퇴계연구소, 2013.

78 『역동서원속등록』, 제복.

사陪來有司를 정하고 건복을 갖추어 수령하였다. 1692년(숙종 18)부터는 파재罷齋 후 유생이 관가에 음복할 제수를 보내는 방식으로 운영되었다.[79]

도산서원에 소장된 『교원제물등록校院祭物謄錄』[80]에는 예안향교, 도산서원, 역동서원의 제물 목록이 함께 기록되어 있어 당시 서원 간의 의례적 위상과 관의 지원 체계를 비교할 수 있다. 역동서원은 도산서원과 함께 예안 지역 유림의 중심 공간으로 기능했으며, 향사 운영과 복식, 제물 수령 방식 등에서 조선 유교 사회의 예법과 질서를 반영하고 있다. 도산서원이 상대적으로 높은 위상을 지녔지만 역동서원 역시 사액 이후 공적 의례 공간으로서의 역할을 지속하였다.

〈표 3〉 역동서원 · 도산서원 제수 목록

구분	제물 목록
역동서원	• 독향(우탁): 술 빚을 쌀[酒大米] 3되[升], 누룩[眞曲=眞麴] 1원(圓)[1원=3되] - 관에서 준비(官備): 미리 빚어서 술 1병을 갖춰 올릴 것, 밥쌀[飯大米] 2되[刀] 5홉(合), 기장쌀[黍米] 2되 5홉, 사슴 젓잘[鹿醢] 3되(들어가는 쌀 1되 5홉), 생선 젓갈[魚醢] 3되(들어가는 쌀 1되 5홉), 큰 초[大燭] 2자루[柄](각 무게는 2냥 반), 무김치[菁菹] 3되 · 달래김치[(薤)菹] 3되 - 서원에서 준비(院備), 초[刺燭] 15자루, 짚자리[草席] 1개[立] (이상 교원제물등록)

79 『역동서원속등록』, 제물.

80 유교넷(http://www.ugyo.net), 도산서원 고문서, 「경신팔월십오일장 교원제물등록」(2020년 8월 20일) ; 『역동서원속등록』, 제물. 경신년은 당시 사림들이 제회하여 향사일을 개정하고서 관아에 보고하였던 1740년(영조 16)으로 추정된다.(『역동서원속등록』, 향례)

	살아있는 돼지[生猪] 1마리, 폐백용 베 1단(段: 18자), 향 1심지[炷], 사슴 육포 3조각[條], 마른대추[乾棗] 3되, 잣[柏子] 3되, 축문 종이[祝文紙] 1장(張), 초안용 종이[擧案紙] 10장, 붓[筆] 1개, 먹[墨] 1개 ※ 제기: 보(簠: 네모난 그릇. 벼와 기장을 담는 제기) 2개, 궤(簋: 둥근 그릇. 쌀과 조를 담는 제기) 2개, 변(籩: 대나무로 만든 제기. 대추 등 마른 제수를 담음) 4개, 두(豆: 나무로 만든 제기. 젓갈, 김치 등 국물 있는 제수를 담음) 4개, 술잔(爵) 3개 - 받침대를 갖춤[具臺], 놋쇠 촛대[鍮燭臺] 1쌍, 축판(祝板) 1개, 백자 술동이[白尊] 1개, 놋쇠국자[鍮局只] 1개, 향로(香爐) · 향합(香榼) 각 1개[계축년(1733, 영조 9)에 잃어버렸다가 다시 찾음], 폐백 담는 상자[幣笥] 1개, 폐백 올려두는 상[幣床] 1개, 희생 제물을 담는 상자[牲匣] 1개, 희생 제물을 올려두는 상[牲床] 1개
도산서원	• 주향위(이황): 술 빚을 쌀 3되, 누룩 1원(圓)[1원=3되] - 관에서 준비, 밥쌀 2되 5홉, 기장쌀 2되 5홉, 사슴 젓갈[식해] 3되(들어가는 쌀 1되 5홉), 생선 젓갈[식해] 3되(들어가는 쌀 1되 5홉), 큰 밀납초[大黃燭] 2자루(각 무게는 2냥 반), 말린 대구[乾大口魚] 1마리, 사슴 육포 3조각[條], 대추[大棗] 3되, 잣[柏子] 3되-관에서 준비, 무김치 · 다른 김치 3되 - 관에서 준비, 희생 제물(牲) 1마리[口], 제례용 베[製布] 18자[尺], 등잔 기름[灯油] 1되, 참기름[眞油] 5홉, 축문 종이[祝文紙] 1장(張), 초안용 종이[草案紙] 5장, 기름먹인 종이[油紙] 2장, 제기 상자[幣笥] 1부(部), 음식제기[食笥], 노란붓[黃筆], 먹[眞墨], 향(香) • 종향위(조목): 술 빚을 쌀 3되, 누룩 1원(圓)[1원=3되] - 관에서 준비, 밥쌀 2되 5홉, 과전미(果田米) 2말 2되 5홉, 생선 젓갈 3되(들어가는 쌀 1되 5홉), 중촉(中燭) 2자루(각 무게는 1냥 반), 사슴육포 3조각, 미나리 김치[芹菹] 3되 - 서원에서 준비, 잣 3되 - 관에서 준비, 초 15자루, 짚자리 1립

역동서원과 도산서원은 모두 사액서원이었기 때문에 향사에 사용할 술을 빚을 누룩은 각 1원圓[3되]씩 관에서 동일하게 지급하였다. 그러나 도산서원은 잣[柏子], 무김치[菁菹], 달래김치[(薤)菹] 등도 관에서 지원받았던 반면, 역동서원은 이를 자체적으로 마련해야 했다. 제향에 사용하는 초도 크기와 무게는 같았지만 도산서원은 밀랍으로 만든 황촉黃燭을

사용하여 더욱 품격을 높였다. 동일한 사액서원이라도 제수 지원과 사용하는 제품祭品에서 도산서원이 상대적으로 우대받았음을 보여준다.

도산서원에 소장된 『전장기傳掌記』에는 역동서원이 목면木棉, 제기, 그릇 등을 도산서원에서 대여하거나, 서적 인출 비용을 도산서원이 부담한 기록이 거의 매년 확인된다.[81] 이는 역동서원이 물적 기반이나 원임 인력 일부를 도산서원과 공유했음을 시사한다.

서원은 제향과 강학을 통해 인재를 양성하기 위한 공간이다. 역동서원도 이러한 목적 아래 운영되었다. 도산서원 건립 이후 유생 선발이 함께 이루어졌고, 교육은 주로 도산서원에서 진행된 것으로 보인다. 그러나 역동서원에서도 『심경心經』 강회를 중심으로 강학 활동이 이어졌다. 1570년(선조 3) 퇴계가 처음 『심경』 강회를 시작한 이후 조목도 이를 계승하였고, 이후에는 『역학계몽易學啓蒙』 강회도 수시로 개최되었다.[82]

하지만 17세기 말 이후 강학은 중단되었다. 간헐적으로 거재居齋가 시행되었으나 유생들은 과거 시험 준비에 집중했다. 역동서원에서 강론이 사라진 상황을 안타깝게 여긴 지역 유림은 1787년(정조 11) 중수 이후 농은聾隱 이급李級(1721~1790)을 강주講主로 삼아 『심경』 강회를 재개하였다.[83] 이 강회는 약 100년 만에 시행된 것으로 인근 유생 100여 명이 참여

81 『傳掌記』 丁未(1667) 2월 초5일.

82 『心經講會回文措語』(한국국학진흥원 소장, 도산서원 전장기 0013)

83 柳尋春, 『江皐集』 卷17, 行狀, 「通訓大夫司憲府執義聾隱李公行狀」; 『심경강회회문조어』(한국국학진흥원 소장, 도산서원 전장기 0013).

해 성황을 이루었다. 이후 강학이 지속되었는지는 확인되지 않지만, 역동서원이 향촌 교육기구로서 기능했음을 보여주는 사례다.

서원에서 강학 활동을 유지하기 위해서는 장서藏書 확보가 필수적이다. 역동서원은 강당 내 직방재直方齋에 '광명실光明室'이라는 별실을 두고 장서와 중요 문서를 보관했다. 장서는 별도의 치부置簿를 두고 관리되었으며, 1757년(영조 33) 추향 시 점열點閱 결과 46책이 분실된 것으로 확인된다.[84]

〈표 4〉『역동서원기』수록 서책 목록

구분	서명	건수	책수	비고
1	대학(大學)	2	2	
2	대학혹문(大學或問)	2	2	
3	중용(中庸)	2	2	
4	중용혹문(中庸或問)	2	2	
5	논어(論語)	2	14	
6	맹자(孟子)	2	14	
7	시전(詩傳)	1	9	
8	서전(書傳)	1	9	
9	춘추호전(春秋胡傳)	1	8	
10	좌전(左傳)	1	11	

84 『역동서원속등록』, 서책. 유생들의 명부인『遊院錄』은 매 式年에 圈點하여 선비를 뽑아 이름을 기록하는 데 도선서원과 通同하였다. 역동서원 서책의 변화에 대해서는 옥영정,「엄격한 서책관리와 도서관 역할 - 전장기를 통해 본 서책의 전승과 관리 - 」(『도산서원과 지식의 탄생』, 글항아리, 2012), 370~378쪽에 상세히 분석하고 있다.

11	주역(周易)	1	12	
12	예기(禮記)	1	15	
13	통감(通鑑)	1	15	
14	송감(宋鑑)	1	15	
15	운부군옥(韻府群玉)	1	10	
16	운회(韻會)	1	10	
17	성리대전(性理大全)	1	24	이상 퇴계선생이 교서관(芸閣) 제조 때 구매하여 가져옴
18	연평답문(延平答問)	1	2	
19	소학집성(小學集成)	1	6	
20	주자연보(朱子年譜)	1	2	
21	근사록(近思錄)	1	4	
22	성학십도(聖學十圖)	1	1	이상 퇴계선생이 가져옴
23	편액(扁額)		9판	퇴계선생의 글씨임
24	가례의절(家禮儀節)	1	4	청주목사 류중영 가져옴
25	계몽익전(啓蒙翼傳)	1	3	성주목사 김극일 가져옴
26	진서(晉書)	1	43	생원 안제 가져옴
27	매화시(梅花詩)		1	이함형 가져옴
28	대명일통지(大明一統志)	1	51	
29	주례주소(周禮注疏)	1	22	
30	명신언행록(名臣言行錄)	1	12	
31	대학연의(大學衍義)	1	14	
32	주자어록유요(朱子語錄類要)	1	9	시강원에서 보내옴
33	회재집(晦齋集)	1	4	
34	연보(年譜)	1	1	
35	황명명신언행록(皇明名臣言行錄)	1	4	
36	문헌통고(文獻通考)	1	140	
37	주자대전(朱子大全)	1	76	
38	회암어록(晦菴語錄)	1	6	이상 구매하여 갖춤

39	원규(院規)	1	1	퇴계 선생이 정함
40	심원록(尋院錄)	1	1	
41	유원록(遊院錄)	1	1	
42	고문진보전집(古文眞寶前集)		4	
43	고문진보후집(古文眞寶後集)		4	
44	수헌집(睡軒集)	1	2	대구부사 권문해 가져옴
45	이백시(李白詩)		15	
46	퇴계선생문집(退溪先生文集)		31	
47	퇴계선생연보(退溪先生年譜)		1	
48	송감(宋鑑)		14	15책 중 5번째 1책이 없음
49	도산십이곡(陶山十二曲)		1	
50	고경중마방(古鏡重磨方)		1	
51	선문철영(選文掇英)		2	
52	삼경석의(三經釋義)		1	
53	사서석의(四書釋義)		1	
54	간재집(艮齋集)		4	
55	삼인록(三仁錄)		1	
56	충재집(冲齋集)		5	
57	온계집(溫溪集)		3	
58	계암집(溪巖集)		3	
59	문절공일고(文節公逸稿)		2	
60	퇴계선생속집(退溪先生續集)		4	

『역동서원기』의 서책조에 따르면 초창기 장서는 60종이며, 이 중 22종은 퇴계가 직접 구매하여 기증한 것이다. 퇴계는 1570년(선조 3) 교서관 제조로 있을 때 『성리대전』 등 17종 166책을 구매하여 기증하고, 『연평답문』, 『소학집성』, 『주자연보』, 『근사록』, 『성학십도』 등 5종 15책은

소장한 것을 기증했다. 이들 책은 경서經書, 사서史書, 유서類書, 시운詩韻 및 성리서 등 유생들이 기본적으로 익혀야 될 내용들이었다.

청주목사 류중영柳仲郢, 성주목사 김극일金克一, 생원 안제安霽, 이함형李咸亨, 대구부사 권문해權文海 등이 기증한 서적은 5종이며, 나머지는 대부분 예안현감의 기증본으로 구성되었다. 현전하는 서책록을 보면 장서는 최대 90종까지 증가했으나, 1871년(고종 8) 서원이 훼철되면서 도산서원으로 이관된 장서는 58종이 확인된다.[85]

『논어』(3종, 17책), 『맹자언해』(7책), 『맹자육전』(6책), 『중용』(1책), 『대학』(1책), 『시전』(9책), 『주역』(12책), 『통감속편』(2종 29책), 『성리대전』(21책), 『대명일통지』(51책), 『대학혹문』(1책), 『진서』(43책), 『주자대전』(76책), 『퇴계선생집』(31책), 『연보』(1책), 『문헌통고』(133책), 『주례주소』(22책), 『예기』(15책), 『호전춘추』(8책), 『포은집圃隱集』(4책), 『계암집溪巖集』(3책),『육선생고六先生稿』(3책), 『간재집艮齋集』(4책), 『운암고雲巖稿』(1책), 『삼강행실三綱行實』(1책), 『이륜행실二倫行實』(1책), 『퇴계서생유묵退溪先生遺墨』(1책)[궤櫃에 보관], 『문절공고文節公稿』(2책), 『연평문답』(1책), 『대학연의大學衍義』(13책), 『운회』(8책), 『좌전』(5책), 『호수실기湖叟實記』(2책), 『회재집』(1책), 『연보』(1책), 『계몽전의』(1책), 『수헌집睡軒集』(2책), 『구암집久菴集』(1책), 『가례의절』(3책), 『미수연보眉叟年譜』(1책), 『충재집』(5책), 『학봉집鶴峯集』(2책), 『근시

85 『도산서원광명실전장기』, 「역동서책목록」.

재집近始齋集』(2책), 『역동서원록易東書院錄』(1책), 『속록續錄』(1책), 『원규院規』(1책), 「홀기笏記」(1첩), 『청금록靑衿錄』(1책), 『광명실전장光明室傳掌』(1책), 『중수문적重修文蹟』(3책), 『심경강회창수心經講會唱酬』(1책), 『집사안執事案』(2책), 『전장안傳掌案』(7책), 『원보록院補錄』(1책), 『원사성책院祠成冊』(2책), 『연액시시도延額時時到』, 『노비안奴婢案』

역동서원 장서가 감소한 것은 여타 서원과 마찬가지로 서원의 관리가 점차 어려워졌기 때문이다. 그럼에도 불구하고『퇴계선생유묵』과 같이 퇴계와 관련된 서적들은 별도로 보관해왔다. 그 결과 현전하는 역동서원 장서에는 퇴계가 생전에 직접 구비한 서책과 그가 내사內賜받은 서책이 다수 남아있다. 그 외 서적들도 간행 시기가 이르고, 선본善本이 많아서 도산서원 장서의 중요 자료 가운데 한 축을 담당하고 있다.

건물에 투영된 유학적 실천과 성현의 길

조선시대 서원의 명칭은 일반적으로 서원이 건립된 지역의 지명이나, 제향되는 인물의 호號를 따르는 것이 관례였다. 예컨대 도산서원은 퇴계 이황의 호인 '도산陶山'에서, 남계서원은 건립지인 '남계南溪'에서 유래한 것이다. 그러나 역동서원易東書院은 이러한 통속적 명명 방식과 달리, 지명이나 인물의 호와 무관하게 '역동'이라는 독특한 명칭을 사용하였다. 이 명칭은 퇴계 이황이 직접 붙인 것으로 고려 말 성리학자 우탁의 학문적 업적을 기리기 위한 상징적 표현이다.

퇴계는 우탁이 역학易學을 깊이 연구하여 그 이치를 깨닫고 후학을 가르쳤으며, 그로 인해 역학이 우리나라에 널리 알려졌다고 평가하였다. 이에 따라 그를 제향하는 서원의 이름을 '역동'이라 명명한 것이다. 이 명명 배경은 월천 조목이 지은 「역동서원사실」을 통해 확인할 수 있다. 조목에 따르면, 퇴계는 한나라 때 역학에 능했던 정관丁寬의 고사에서 "주역이 이미 동쪽으로 갔다[易已東矣]"는 구절을 인용하여,[86] 우탁을 통해 동방에 전해진 역학의 전통을 상징적으로 표현하고자 하였다. 이는 아래의 퇴계시에서도 확인이 된다.[87]

『주역』이 동으로 갔다고 전하田何가 감탄하더니	邈邈田門嘆易東
우리나라 정씨의 역전은 공에게서 시작되었네.	吾東程易昉吾公

86 丁寬이 田何에게 『역경』을 배웠는데, 정관이 동으로 돌아갈 때에 전하가 "『주역』이 동으로 갔다"고 감탄하였다. 程頤의 『易傳[주역]』이 우리나라에 처음 들어오자, 우탁이 가장 먼저 연구하였다.

87 『퇴계선생문집』 권5, 속내집, 시, 「書院成 名以易東 一絶見意」.

주자와 소자의 일을 따라 이 서원에 이름 붙였으니 更繫朱邵名玆院
하늘마음이 백일 가운데 밝게 나타나리라. 要見天心皦日中

'역동'이라는 명칭은 단순한 학문적 존칭을 넘어, 퇴계 이황의 도통의식道統意識을 반영한 결과였다. 퇴계는 조선 유학의 도통 계보를 확립한 인물로, 고려 말 우탁에서부터 조선 성리학으로 이어지는 학문적 흐름을 정립하고자 했다. 이러한 도통의식은 1570년(선조 3) 퇴계가 역동서원과 도산서당에서 두 차례에 걸쳐『역학계몽易學啓蒙』과『심경』을 강의한 사실에서도 잘 드러난다.

이 강회에는 김취려金就礪, 이숙량李叔樑, 조목, 김부의, 금난수, 김부륜, 금응훈, 윤흥종尹興宗, 박거중朴居中, 조카 이재李宰, 손자 이안도李安道, 이순도李純道(1554~1584) 등 퇴계의 제자들이 참석하였다. 퇴계는 강회를 마치고 정일재精一齋에서 달구경을 하며「재중야기간월齋中夜起看月」이란 시를 읊었다.

정일재에서 달을 보니 밝기도 하다. 精一齋中玩月明
창문 열고 홀로 앉으니 맑은 정 엉겨. 拓窓孤坐湛凝情
오동 그림자 돌아서 빈 섬돌 비치고, 梧桐漸轉空階影
귀뚜라미 소리 벽에서 멎지 않네. 蟋蟀無停培壁聲
사계절 번갈아서 사람 느낌 비치고 四序迭侵人易感
하룻밤 적막한 서원 맑음이 넘친다. 一宵全寂院逾淸
정신과 가슴속 촛불 깊이 빛나니 神襟了了燭幽鑑

다시금 선현을 깨닫고 후생을 위하리.　　更覺先賢爲後生

이 시를 지었던 시기는 역동서원의 낙성식(8월)이 있기 이전 달(7월)이었다. 퇴계는 낙성식을 앞둔 역동서원에서 『심경』 강회를 마친 후 이러한 문풍이 계속 이어져 선현의 삶을 깨닫고 후생을 위해 나아가길 염원하였다. 이러한 퇴계의 바램은 역동서원에서 공부하고 있던 제자들에게 보낸 시에서도 확인된다.

역동서원의 여러분에게 알린다.　　易東書院示諸君(三首)

낙동강가에 서원을 경영하더니　　儒館經營洛水邊
다행히 오늘에야 여러 어진분들 모였네.　　幸同今日會群賢
애초에 역학(주역)에서 건곤을 열었는데　　初來易道乾坤闢
점차 문명이 밝아져서 해와 달이 달리듯 하였도다.　　漸賁文猷日月懸
뒷사람을 기다려서 더욱 발전할 것이고　　好待後人能契發
듣건대 주역 공부는 정밀하게 힘쓰는 데 있다고 하니　　恭聞此學在精專
서로 온갖 외모에 마음을 빼앗기지 말고서　　莫將外慕相撓奪
값으로 따지지 못할 밝은 구슬을　　無價明珠得自淵
마음 속 깊은 곳에서 얻어지기를.

고려말에 정주학이 처음으로 우리나라에 들어와서　　麗季程朱敎始東
지금와서 여러 학설이 온 나라에 가득하네.　　只今諸說滿區中

그 당시 처음 연구한 분이 공이라 함은 역사에 뚜렷한데 當年首發公徵史
누구라서 그 뒤로 이 학문을 위해 몸 바쳤던가. 繼世眞傳孰任躬
주경主敬의 공부는 정이천이 천성의 법을 이었고 主敬龍門千聖法
주회암은 백록동에서 인륜을 밝혀 明倫鹿洞一原功
으뜸가는 공훈을 세웠네.
우리네가 배우고 익히는 것은 다른 갈래가 아니라네 吾儕講習非他緒
일상사에도 헛된 바람타기를 경계하기를 切戒尋常事捉風

창해일속 같은 우리 인생 변방에 태어나서 一粟吾生海外身
가련하구나 성현과 함께 태어나지 못하였네. 可憐賢聖未同辰
주자가 남긴 말씀 거울삼지 못한다면 若非雲谷千言鑑
초라한 오두막에서 헛된 삶을 살았던들 何異蘧廬一宿人
무엇이 이상하랴.
눈에 들어오는 산의 빛깔은 물들인 듯 푸르고 入眼山光青似染
뜰에 가득한 풀빛은 파랗기가 비단같네. 滿庭草色翠如勻
그대들과 함께 한가롭게 이 기쁨을 들기로라면 與君共此閒中樂
서로 진중하게 대하는 가운데 珍重相看日日新
나날이 새로운 공부가 있기를.

퇴계는 제자들에게 거듭 우탁으로 인해 도학이 전승되어 왔으며, 지금에 이르러 여러 학설이 난무하지만 모두 주자의 말을 거울삼아 정진하기를 당부하였다. 퇴계의 이러한 염원은 건물의 명칭에도 그대로 투영

입도문 정문(한국국학진흥원 제공)

되었다. 퇴계는 서원 건물의 명칭을 통해 유생들이 지향해야 할 학문적 자세와 인격 수양의 방향을 제시하였다. 각 건물은 단순한 공간을 넘어, 유학적 실천과 성현의 길을 상징하는 교육적 장치로 기능한다.

입도문入道門은 '도道로 들어가는 문'이라는 뜻으로, 유생들이 서원에 들어서는 순간부터 도학의 길에 들어섰음을 상징한다. 입도문을 들어서면 강학 공간이 펼쳐진다. 정면에는 강당인 명교당明敎堂이 있다. 『소학』 입교立敎편의 "하늘이 명하는 것을 본성이라 하고, 본성을 따르는 것을 도라고 하며, 도를 닦는 것을 가르침이라고 한다[天命之謂性 率性之謂道 修道之謂敎]"에서 유래한 명칭으로 스승의 밝은 가르침을 통해 본성을 따르고 도를 닦는 공간이다.

강당의 좌우 협실로 정일재精一齋와 직방재直方齋가 있다. 정일재精一齋는 『서경』 대우모편의 "오직 정밀하게 한결같이 중정中正의 도를 잡으라[惟精惟一 允執厥中]"에서 취한 이름이다. 유생들이 정밀하고 한결같은 마음으로 중정中正의 도를 실천할 것을 강조한다. 직방재直方齋는 『역경』 곤괘 육이효의 "곧고 바르고 크니, 익히지 않으면 이롭지 않음이 없다[直方大 不習无不利]"에서 유래한 명칭이다. 내적으로는 경敬의 곧음, 외적으로는 의義의 방정함을 상징하며, 서원 운영자의 공정한 자세와 유생들의 학문 태도를 드러낸다.

유생들이 기숙하는 동재와 서재는 강당의 정면 좌우에 위치해 있다. 동재인 사물재四勿齋는 『논어』에서 공자가 안자에게 가르쳤던 "예가 아니면 보지도 말고, 예가 아니면 듣지도 말고, 예가 아니면 말하지도 말고, 예가 아니면 행동하지 말아야 한다[非禮勿視 非禮勿聽 非禮勿言 非禮勿動]"는

역동서원 강당 전경_명교당, 직방재, 정일재 현판(한국국학진흥원 제공)

사물재 현판(한국국학진흥원 제공)

삼성재 현판(한국국학진흥원 제공)

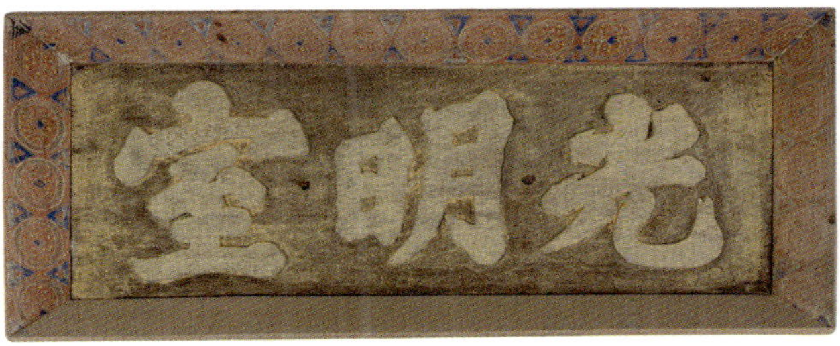

광명실 현판(한국국학진흥원 제공)

네 가지 실천 덕목을 반영한 명칭이다. 유생들이 예에 기반한 삶을 실천할 것을 요구한다. 서재인 삼성재三省齋는『논어』에서 증자가 말한 "나는 매일 세가지로 나 자신을 살펴본다[吾日三省吾身]"에서 유래한 명칭이다. 유생들이 매일 자신의 말과 행동, 학문을 성찰할 것을 강조한다.

또한 자신을 수신修身하는 데 있어서 지침이 되는 서적을 비치하여 유생들이 학업에 매진토록 하였다. 이러한 장서실藏書室을 광명실光明室이라 했는데, 이것은 주자의 시 "수많은 책이 나에게 광명을 준다[萬卷書籍 惠我光明]"에서 유래한 명칭이다. 독서를 통해 지혜를 얻고 자아를 수양하는 공간이다. 도산서원에서도 이를 차용하여 장서고를 '광명실'로 사용하고 있다.

사당인 상현사尙賢祠는『역경』산천 대축괘의 "강한 힘이나 권력을 가졌음에도 현명한 사람을 존중하고, 자신의 강건함을 적절히 절제할 줄 아는 것은 매우 올바른 처신이다[剛上而尙賢 能止健 大正也]"에서 유래한 명칭이다. 유생들이 우탁과 같은 성현을 숭상하고, 그를 본받아 스스로를 수양할 것을 상징한다.

역동서원은 단순한 교육 기관이 아니라, 퇴계 이황의 도학적 이상과 유학적 실천을 공간적으로 구현한 상징적 장소이다. 건물의 명칭 하나하나에 담긴 철학은 유생들에게 성현의 길을 제시하며, 학문과 인격 수양

상현사(한국국학진흥원 제공)

의 방향을 구체적으로 안내한다. 이러한 점에서 역동서원은 조선 유학의 정신적 기반이자, 퇴계의 교육 철학이 살아 숨 쉬는 공간이라 할 수 있다. 그 결과 역동서원의 건물 구조와 건물명에 내재된 퇴계의 가르침은 이후 건립되는 서원들의 공간과 명칭에도 큰 영향을 주었다.

우탁의 행적 따라 세워지는 서원들

1. 최초의 부임지에 세워진 단산서원

조선 중기까지 영해 지역의 재지세력은 향교를 중심으로 향촌사회를 운영해왔다. 그러나 16세기 중반 백운동서원의 건립을 시작으로, 안동·성주·예안·영천·선산·경주·의성 등 재지세력이 강성한 지역을 중심으로 서원 건립이 활발해졌다. 특히 17세기 이후에는 서원이 향촌 사회에서 사림 활동의 중심 공간으로 인식되면서, 서원 건립은 더 이상 미룰 수 없는 과제로 떠올랐다. 이러한 사회적 분위기 속에서 영해 지역에서도 서원 건립이 추진되었고, 그 결과 1608년(선조 41) 단산서원丹山書院이 설립되었다. 이는 영해 최초의 서원이자, 지역 사림의 주도 아래 이루어진 교육 공간의 출현이었다.

서원 건립을 처음 제안한 인물은 신활申活(1576~1643)이었다. 그는 영해 지역이 무예를 숭상하여 문풍이 쇠퇴하였다고 진단하고, 문풍을 진작하고 인재를 양성하기 위한 방안으로 서원 건립을 주장하였다. 1608년(선조 41), 신활을 비롯한 영해 사림들은 이러한 의견을 영해부사 노경임盧景任에게 전달하고, 경상감사에게 상서를 올려 협조를 요청하였다.[88] 상서의 내용에 따르면, 영해의 수령으로 부임하여 팔령신八鈴神의 음사를 철폐하고 풍속을 교화했던 우탁, 그리고 영해 출신으로 고려 말의 대학자인 이색李穡의 고풍이 관어대觀魚臺에 남아 있으므로, 이들의

88 당시 경상감사는 李尙信(1564~1610)[재임: 1607.12~1608.9] 내지 崔瓘(1563~?)[재임: 1608.9~1609.2]으로 확인된다.

사우를 세워 지역을 다시 장수藏修의 땅으로 만들고자 한다는 취지가 담겨 있었다.[89]

노경임은 이에 찬성했지만, 사림들의 재정 여력과 관청의 물력이 부족하여 경상감사의 지원이 절실하다는 점을 강조하였다. 특히 인근 읍에서 전곡을 넉넉히 내어 공사를 일괄적으로 진행할 수 있도록 도와달라는 요청이 포함되어 있었다. 1609년(광해군 1)에 작성된 「신창단원서新創丹院序」에 따르면, 단산서원의 건립은 "위로는 어진 수령이 일을 돕고, 아래로는 사민이 기회를 타고 한 목소리로 양현의 사우를 세운 것"으로 평가되었다.[90] 이는 영해부사와 경상감사의 협조, 그리고 향인의 공동 참여로 이루어진 서원 건립이라는 점에서 사문의 영광으로 인식한 것이다.

조선 정부는 16세기 중반 이후 문교진흥책의 일환으로 서원 건립을 장려해왔다. 초기에는 수령이 주도하여 서원을 설립하는 경우도 있었지만, 일반적으로는 사림이 발의하고 관이 협조하는 형태가 일반적이었다. 이는 서원 건립과 운영에 상당한 물력이 필요했기 때문이며, 단산서원 역시 이러한 구조 속에서 탄생한 사례라 할 수 있다. 특히 임진왜란 이후의 피폐한 사회·경제적 상황 속에서 서원의 건립과 유지에는 관의 협조가 절대적으로 요구되었다. 17세기에는 이미 사액을 받은 서원들이 국가의 공인을 바탕으로 관의 지원을 받기 쉬웠지만, 단산서원과 같이 새롭게 건립되는 서원은 보다 명확한 명분이 필요했다. 영해부 사림은

89 申活, 『竹老集』 卷2, 書, 「上方伯狀 代鄕儒作(萬曆 戊申)」.
90 申活, 『竹老集』 卷2, 序, 「新創丹院序 萬曆己酉」.

그 명분을 제향 인물과 향촌 교화에서 찾았고, 퇴계 이황이 인정한 도학자이자 지역과 연고가 있는 우탁을 제향 대상으로 내세웠다.

서원의 창건 당시 상량문과 봉안문은 영해 출신 도사都事 박선장朴善長(1557~1616)이 지었으며, 건물 구성은 상현사(사우), 명교당(강당), 사물재 · 삼성재(동 · 서재), 남덕루(문루), 입도문(외문), 전사청, 주사, 장서각, 영정각 등으로 이루어졌으며, 이들 모두를 칭하여 '단산서원'이라 하였다.[91] 건물 명칭은 모두 퇴계가 명명한 역동서원을 모방한 것이었다. 다만 역동서원과는 달리 문루門樓와 영정각이 신설되었고, 묘정의 동쪽에 장서각, 서쪽에 영정각을 배치하였다.

당초 서원을 건립할 때 우탁과 이색을 함께 제향하기로 의논했지만 서원이 건립된 후에는 우탁만을 제향 하였다. 『단구잡기丹邱雜記』나 『영영승람盈寧勝覽』을 참고하면 서원 건립을 논의할 당시 우탁과 이색을 함께 제향하는 것에 대한 의견이 있었다. 이에 신활이 류성룡에게 의견을 물었으나 답변을 거부하면서 논의가 중단되었다.

그래서 우탁만 제향하였다가 1631년(인조 9)에야 비로소 이색을 추가로 제향하였다. 이 일은 신활과 박돈복朴敦復(1584~1647)이 주관했으며, 봉안문과 상향축문은 강원도 감사 최현崔晛(1563~1640)이 지었다. 1656년(효종 7)에는 경성京城으로부터 이색의 영정을 가져와 묘우의 우측에 감龕을 만들어 봉안하였다.[92]

91 『丹邱雜記』, 院宇, 「丹山書院」; 『盈寧勝覽』, 院祠, 「丹山書院」. 단구잡기에는 동재와 서재, 전사청의 크기가 각 3칸으로 적혀있다.

1667년(현종 8) 영해 봉황산 아래 가사리로 서원을 이건하였다. 이때 감사 이태연李泰淵(1615~1669)과 부사 김옥현金玉鉉의 협조로 건물을 중건하고, 이듬해인 1668년(현종 9) 우탁과 이색의 위판을 이안하면서 이곡李穀도 함께 추향하였다.[93] 당시 이안문은 김응조金應祖가, 상량문은 이휘일李徽逸이 지었다. 1709년(숙종 35)에는 문루 앞에 식루食樓를 세웠다.

서원의 규모와 제도가 갖춰진 후 수차례 사액을 청원하였으나 서원 신설과 첩설 및 사액을 금지하는 명령으로 인해 허가를 받지 못하였다.[94] 이후 1843년(헌종 9) 화재로 문루와 동재·서재, 전사청이 소실되었으나, 1844년(헌종 10) 이곡의 후손인 관찰사 이경재李景在의 협조로 중건하고 영정을 모사하였다.

한편 단산서원은 건립 이후 영해 지역 사림의 거점으로 기능하였다. 1609년(광해군 1)에는 향교·향청·서원의 인사들이 모여 「삼소완의三所完議」를 제정하였고,[95] 1614년(광해군 6)에는 예안 역동서원의 원규를 본받아 원규를 제정하고, 독자적으로 「학령 12조」를 마련하였다.[96] 이는 서원의 운영 규범을 지역 실정에 맞게 정비하고, 향촌 사회의 기강을 세우기 위한 조처였다.

92 『列邑院宇事蹟』 慶尙道 寧海府 丹山書院.

93 『盈寧勝覽』, 院祠, 「丹山書院」; 『丹陽禹氏三世文獻錄』.

94 단산서원의 청액 활동에 대해서는 구체적으로 확인이 되지 않는다. 청액과 관련하여 소개되고 있는 懶隱 李東標의 「丹山書院請額疏」는 표제와 달리 내용을 보면 단양에 건립된 丹巖書院으로 확인된다.

95 申活, 『竹老集』, 「年譜」.

96 申活, 『竹老集』 卷2, 「院規」; 「學令」.

•향사에 참여하지 않는 경우

- 영원히 손도損徒

•젊은이가 어른을 능멸했을 경우

•집강執綱을 능멸, 모욕했을 경우

•입재入齋시 술에 취하여 망령된 경우

-이상 5개월 손도

•독서를 부지런히 하지 않을 경우

•말과 행동을 조심하지 않을 경우

- 이상 4개월 손도

•맡은 임무를 부지런히 하지 않을 경우

•명령을 듣고도 실행하지 않을 경우

•사사로이 서로 싸우거나 따지는 경우

•장기, 바둑으로 시끄럽게 떠드는 경우

•세시歲時로 묘우에 알현하는 데 참석하지 않는 경우

- 이상 3개월 손도

•향사로 입재시 헌관과 유생은 엄숙 단정한 옷차림[盛服]으로 치재致齋함

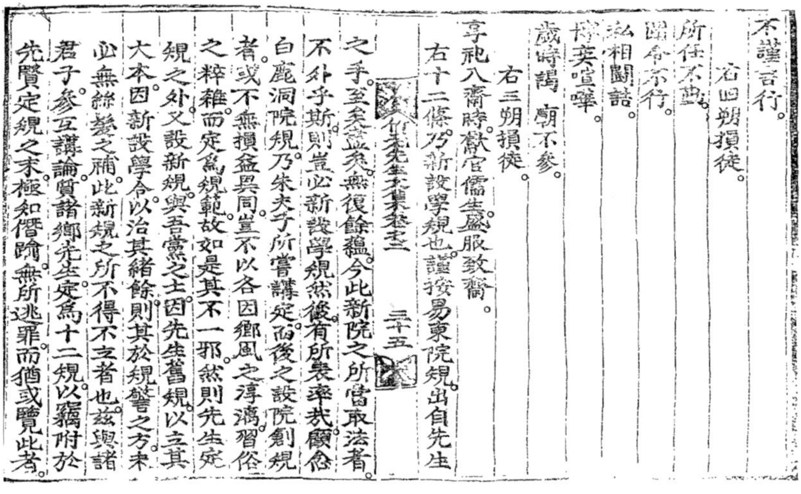

不謹言行。
右四朔損徒。
所任不勤。
聞令不行。
私相鬪詰。
博奕喧譁。
歲時謁廟不參。
右三朔損徒。
享祀入齋時，獻官儒生盛服致齋。
右十二條乃新設學規也。謹按易東院規出自先生
竹西先生文集卷之二 二十五
之手。至矣盡矣。無復餘蘊。今此新院之所當取法者。
不外乎斯。則豈必新設學規。然後有所表率哉。顧念
白鹿洞院規。乃朱夫子所嘗講定。而後之設院創規
者。或不無損益異同。豈不以各因鄉風之淳漓習俗
之粹雜。而定爲規範。故如是其不一耶。然則先生定
規之外。又設新規。與吾黨之士。因先生舊規。以立其
大本。因新設學令。以治其緖餘。則其於規警之方。未
必無絲髮之補。此新規之所不得不立者也。玆與諸
君子參互講論。質諸鄉先生。定爲十二規。以竊附於
先賢定規之末。極知僭踰無所逃罪。而猶或覽此者。

단산서원 학령 12조(국립중앙도서관 제공)

단산서원이 건립된 시기는 전란이 끝난 직후였기에 붕괴된 사회·경제적 기반을 복구하는 것이 급선무였다. 나아가 하층민들의 반발을 줄이고 향촌질서를 재편하기 위해서는 재지사족들의 결집이 필요한 시기였다. 그러나 향촌교화와 교육을 담당할 향교는 임진왜란 당시 소실되어 문묘만 중건한 상태였다. 이런 시기에 건립된 단산서원은 향교를 대신하여 사족을 결집하고, 향촌교화와 교육을 수행해야 했다.

단산서원 「원규」와 「학령」은 바로 그런 목적에서 제정된 것이었다. 즉 성경誠敬의 실상을 체득하는 서원 본연의 교육 목표를 실현하고, 규율을 엄격히 하여 향내의 기강을 세우려했다. 학령은 크게 향사와 분향례 등의 제향의례에 관한 것, 나이와 직분에 따른 질서 즉 강상綱常에 관한 것, 원내 생활에 관한 것으로 구분된다.

특이한 점은 '치재시 헌관과 유생의 옷차림'을 규정한 마지막 조항이다. 이것은 1609년(광해군 1) 오산서원吳山書院의 봉안례 당시 수헌首獻이었던 장현광의 의견에 따라 모든 헌관과 유생이 성복 치재한 사례를 따른 것이다. 일반적으로 헌관만이 성복하고 일반 참석자에게는 특별한 규정이 없었다. 오산서원의 사례도 당시 국상國喪이라는 특수한 상황에서 실행된 것이었다.

그러나 영해의 사족들은 서원의 향사가 석전례보다는 낮더라도 사가私家의 제사와는 달라야 되며, 성현을 존경하는 의리는 피차의 구분도 없고 예禮의 근엄함을 중시하므로 모두가 성복 치재하기로 결정했다.

이처럼 단산서원은 건립 이후 각종 규정을 제정하면서 서원의 규모를 완비하고, 영해 내에서 확고한 위상을 가지게 되었다. 그러나 17세기 중반 이후부터 문중의식이 확대되면서 각 문중들의 향촌 내 기득권 유지와 활동 공간으로서 서원의 필요성이 커져갔다. 이에 각 가문에서는 현조顯祖를 제향할 서원·사우·정사 등의 건립을 모색하면서 서원의 분립 현상이 뚜렷해졌다.

영해에서는 1655년(현종 6) 무안박씨 가문에서 박의장朴毅長·박홍장朴弘長 형제를 제향하는 구봉서원九峯書院을, 1696년(숙종 22) 재령이씨 가문에서 이휘일을 제향하는 인산서원仁山書院을 건립했다.[97] 이는 단산서원이 지역 사림의 중심에서 점차 문중 서원으로 분화되는 과정을 보여준다.

이상과 같이 단산서원은 향풍을 쇄신하고 문풍을 일으키기 위한 목적으로 건립되었으며, 서원을 건립하는 데에는 지역과 연고가 있는 사표적 인물이 필요했다. 우탁은 고려 말 영해사록으로 부임하여 향촌 교화에 기여한 인물이며, 퇴계 이황이 명명하고 제정한 역동서원의 건물명과 원규를 그대로 모방한 점에서, 단산서원 역시 퇴계의 도통의식을 계승하고자 했음을 보여준다. 문묘종사대현인 이황이 인정한 우탁은 단산서원의 제향 인물로서 가장 적합한 선택이었다.

97 이수환, 「영해 인산서원의 설립과 훼철」, 『대구사학』 63, 대구사학회, 2005.

2. 고향에 세워진 단암서원

17세기 들어 서원의 기능이 확대되면서, 각 고을에서는 사기士氣와 문풍文風을 진작시킨다는 명분 아래 서원 건립이 활발히 이루어졌다. 서원의 위상은 제향 인물의 학문적 평가와 사액 유무에 따라 결정되었으며, 이는 서원이 위치한 지역뿐 아니라 관련 사족 가문의 위상에도 영향을 미쳤다.

단양은 조선 전기 이래 사회·경제적 기반이 약화되어 재지사족의 성장이 제한적이었다. 임진왜란으로 인한 피해는 서원 건립을 더욱 지연시켰고, 17세기 중반까지 단양에는 서원이 존재하지 않았다. 다만 16세기 중반, 단양향교에 우탁을 제향하는 별묘가 설치되어 향촌 교화에 일정한 역할을 해왔었다. 그러나 향교는 임진왜란 당시 소실되었고 1614년경(광해군 6) 대성전이 중건되었으나 강당과 기타 건물의 복구는 지연되었다. 당시 우탁의 별묘도 함께 중건되었는지는 확인이 불가능하다.

이러한 상황 속에서 단양 사족들은 서원 건립의 필요성을 제기하였다. 단양은 우탁의 출생지이자, 이황이 군수로 재임했던 지역으로서 유풍遺風은 남아 있었으나 문풍은 단절된 상태였다. 그래서 학문에 뜻이 있어도 궁구하여 성취할 방법이 없다고 했다.[98] 서원 건립에 대한 공론

98 權尙夏, 『寒水齋集』 卷2, 「丹陽書院請額疏 代院儒作 壬戌七月」.

은 늦었지만 제향인은 별다른 이견없이 우탁과 이황으로 선정되었다. 우탁은 단양을 대표하는 단양우씨 가문의 인물로서 이곳에서 태어났으며, 16세기 후반부터 향교의 별묘에 제향해 왔던 인물이었다. 이황은 단양군수를 역임한 연고가 있고, 문묘종사 대현으로서 당색을 초월해 존숭받는 인물이었다.

이에 1660년(현종 1) 가을부터 군수 홍석기洪錫箕의 지원 하에 이억李檍을 비롯한 송시일宋時一·신익겸申益謙·장후준張後浚·이선李瑄·김정형金鼎亨·이경李璟·신주한申周翰 등의 지역 사족들이 서원 건립을 추진하였다. 이들은 단양장·진천송·평산신·전주이·청풍김씨 등 단양지역의 주요 가문 인사들이었다. 건립을 추진하던 중 군수 홍석기가 체직되고, 새로 부임한 군수 한명원韓明遠의 적극적인 협조로 1662년(현종 3) 봄에 공사가 마무리 되었다.[99]

서원 건립이후 단양 유생들은 사액 청원을 시작하였다. 이들은 먼저 1674년(숙종 즉위년) 자의대비의 복제 문제[2차 예송논쟁]가 발발하여 남인 정권이 들어서자, 청풍淸風으로 내려와 은거하고 있던 권상하權尙夏(1641~1721)를 찾아가서 청액소를 대신 지어주길 요청하였다.

권상하는 당시 서인의 영수였던 송시열·송준길의 문인이었다. 남인이 집권한 상황임에도 그에게 청액소를 요청한 것은 단암서원이 서인 세력과 밀접한 관계에 있었기 때문이다. 실제 1662년(현종 3) 서원이 건

99 『열읍원우사적』 忠淸道 丹陽君 丹巖書院, 「新創書院跋(李檍)」.

립된 후 서인의 영수였던 송준길宋浚吉(1606~1672)이 원장을 역임했고, 1670년(현종 11)에는 송시열이 청풍부사 이상일李尙逸과 함께 단암서원을 찾아 배알한 일도 있었던 것이다.[100]

하지만 당시 사액은 첩설 금령을 이유로 불허되었다. 이에 1680년(숙종 6) 서인이 다시 집권한 후 1682년(숙종 8) 신익겸 등의 단양사족들도 사액을 다시 청원하였다. 그러나 이때도 우탁과 이황을 제향하는 서원이 이미 영남에 존재한다는 이유로 첩설 금령에 저촉되어 불허되었다.[101] 이에 단양 사족들은 1689년(숙종 15) 남인이 재집권하자 1691년(숙종 17)에 거듭 사액을 청원하였다.

1691년(숙종 17) 신이제申以悌 등이 다시 청원할 때에는 예조에서 금령에 저촉되고, 두 인물의 사우가 건립된 곳이 많지만 단양이 우탁의 관향이며, 이황이 어질게 고을을 다스려 교화한 유풍이 남은 곳이다는 이유로 특별히 청원에 따라서 선비들에게 흥감興感을 주는 것이 이치에 맞다는 의견을 내었다. 이에 특별히 '단암'이라는 이름으로 사액이 허락되었다.[102]

건립이후 30년 만에 세 차례의 청원을 통해 우탁의 호號였던 '단암'으로 사액된 것이다. 갑술환국(1694, 숙종 20) 이후 단암서원은 서인(노론)

100 송시열, 『송자대전』 부록 권6, 연보, 숭정 43년(경술).

101 『승정원일기』 숙종 8년 10월 23일.

102 『서원등록』 숙종 17년 11월 초3일. 당시 예조판서는 남인계의 柳命賢이었으며, 담당자는 서인계의 동부승지 洪萬朝였다.

계 인사들이 원장을 역임하며 정치적 성향을 분명히 하였다.

〈표 5〉 단암서원 원장 명단

번호	성명	본관	관직	당색	번호	성명	본관	관직	당색
1	송준길(宋浚吉)	은진	좌참찬	노론	9	김이안(金履安)	안동	좨주	노론
2	권상하(權尙夏)	안동	좌의정	노론	10	민종현(閔鍾顯)	여흥	이조판서	노론
3	이기진(李箕鎭)	덕수	이조판서	노론	11	조진관(趙鎭寬)	풍양	이조판서	노론
4	김원행(金元行)	안동	찬선	노론	12	오재소(吳載紹)	해주	우참찬	노론
5	권진응(權震應)	안동	자의	노론	13	이채(李采)	우봉	호조참판	노론
6	김양행(金亮行)	안동	형조참판	노론	14	조종영(趙鐘永)	풍양	우참찬	노론
7	김종후(金鍾厚)	청풍	경연관	노론	15	이광문(李光文)	우봉	이조판서	노론
8	조정세(趙靖世)	풍양		노론	16	윤정현(尹定鉉)	남원	병조판서	노론

위 명단[103]에서 확인되듯, 단암서원 원장은 모두 노론계 산림이자 고위 관료 출신이었다. 이는 남인의 영수로 추숭받던 이황을 제향하면서도 서원이 서인(노론)의 정치적 기반으로 기능했음을 보여준다. 또한 1702년(숙종 28)에는 권상하가 단암서원에 머물며 『동춘선생별집同春先生別集』을 교정하였다.[104] 이것은 단암서원이 노론 세력의 거점으로 자리매김하고 있음을 드러낸다.

단암서원은 다른 지역에 비하여 늦게 건립과 사액이 되었지만, 중

103 단양군 · 단양향교, 『丹陽鄕校誌』(2010), 「丹巖書院院長先生案」.

104 권상하, 『한수재집』 연보, 임오년 4월.

앙과의 유기적인 연결을 통해 서원의 운영 방안을 모색했던 것이다. 단암서원을 출입하였던 인물들은 『심원록』을 통해 그 대략을 확인할 수 있다. 현존하는 『심원록』은 1830년(순조 30) 2월 22일부터 1870년(고종 7)까지 40년에 해당한다.[105] 『심원록』에 수록된 방문자는 총 261명으로 모두 43개 성씨이다. 이 가운데 단양우씨가 99명으로 가장 많은 인원이 방문하였다.

일반적으로 『심원록』은 서원 소재 고을의 인사들은 기록을 하지 않는다. 다른 고을에 거주하는 명망있는 가문의 출신만 선택적으로 성명을 기록할 수 있다. 그렇기에 단양우씨가 압도적 비율로 나타나는 것은 단양 인근에 세거하던 우씨 문중과 함께 각처에서 내방한 우씨들이 협력하여 서원 운영을 주도했음을 보여준다. 또한 단양에 기반을 두고 있던 원주이씨(30명)와 단양장씨(24명)도 많은 내방자를 기록하고 있는 것으로 보아서 서원 운영에 참여한 주요 가문이라 할 수 있다.

이외에도 『심원록』에서 출신 지역이 확인되는 71명을 살펴보면 충청도 충주(14명) · 괴산(12명) · 청풍(4명), 경상도 상주(7명) · 풍기(4명) · 영주(4명) 순으로 많다. 특히 단양 인근의 충주 · 괴산 · 상주 지역 인사들의 방문이 많음을 알 수 있다. 게다가 이들 지역의 내방객들은 모두 단양우씨로 파악된다. 이는 19세기의 단암서원이 전국의 단양우씨 후손들의

105 단양군 · 단양향교, 『丹陽鄕校誌』(2010), 「丹巖尋院錄」. 이 심원록에 대한 분석은 조준호, 「조선시대 단양지역 사족의 동향」, 『중원문화연구』 13, 충북대학교 중원문화연구소, 2010, 202~205쪽을 참고 바람.

관심 속에 주도적으로 운영되었음을 반증한다.[106]

이상과 같이 단양은 우탁의 관향이자 고향으로서 그의 절조와 학행을 숭모하여 1662년(현종 3) 단양군수와 재지사족들에 의해 단양 최초의 서원인 단암서원이 건립되었다. 이후 단양지역 사족들의 30년에 걸친 청원과 남인 및 서인(노론)계 인사들의 지원 하에 금령이 시행되고 있음에도 특별히 사액을 받을 수 있었다. 18세기 중반까지 노론계 산림들이 연이어 원장을 맡으면서 단암서원의 위상이 매우 높아졌음을 알 수 있다. 19세기에 들어와서는 전국에 분포한 단양우씨 후손들의 단암서원 방문이 이어졌는데 이는 당시 서원 운영을 단양우씨가 주도하고 있었음을 반증한다.

3. 묘소에 건립한 구계서원

구계서원의 시원은 고려 말 유학자 우탁의 후손들이 그의 묘소가 있었던 안동부 동쪽 미질리美叱里에 묘우를 세우고, 매년 10월 15일에 망제望祭를 행한 데서 비롯된다. 우탁을 독향하는 역동서원이 예안현에 이미 존재하였으나, 안동부의 유생들은 우탁이 실제로 활동하였던 지역이

106 이는 역동서원이 도산서원의 부속서원으로 존재했던 것과는 대별된다. 실제 충청도와 경상도 북부의 단양우씨들은 단암서원을 중심으로 1810년(순조 10) 우탁의 문묘종사운동를 주도하고, 1825년(순조 25) 안동 구계서원의 배삼익 추향 등에 후손들의 반대 여론을 형성하여 안동지역 남인계 사족에 대항하였다.

안동이며, 그의 흔적이라 할 수 있는 「제영호루題映湖樓」 시의 영호루가 남아 있다는 점을 들어 서원 건립을 추진하였다.

영호루	暎湖樓
영남 땅을 여러 해 두루 돌아 호탕하게 유람하고,	嶺南遊蕩閱年多
이 호수와 산 경치를 더해 가장 사랑하노라.	最愛湖山景氣加
방초 우거진 나루터에서 나그넷길 나뉘고,	芳草渡頭分客路
수양버들 늘어선 둑가에 농가가 있구나.	綠楊堤畔有農家
바람 자니 거울 같은 수면의 안개는 눈썹을 가로 그린듯하고,	風恬鏡面橫煙黛
세월 오랜 담장 위에는 길게 이끼가 피었구나.	歲久墻頭長土花
비 개자 사방 들판에서 격양가를 노래하고,	雨歇四郊歌擊壤
숲 너머로 그득한 물에 시원한 떼배 떠 있음을 앉아서 보노라.	坐看林杪漲寒槎

이들은 비용을 절감하기 위해 1694년(숙종 20) 9월 20일, 묘우 근처에 있던 도생서당道生書堂[107]을 묘우 앞으로 옮겨 강당으로 활용하고, 서당의 전토를 서원에 소속시켰다.[108] 이후 1696년(숙종 22) 11월 초4일에 우탁

107 도생서당은 1604년(선조 39) 배용길[배삼익의 아들]이 사족과 일반민의 자제를 대상으로 강학하기 위하여 건립한 곳이었다. 배용길은 특히 『주역』에 조예가 깊어 당대의 이름난 선비들이 많이 배우러 왔다.(裵龍吉, 『琴易堂集』 卷7, 附錄, 「行狀」 柳致明)

의 위패를 봉안하면서 서원의 명칭을 도동서원道東書院이라 하였다. 1704년(숙종 30) 서원을 이건할 계획을 세웠으나, 물력이 부족하여 10년이 지난 1713년(숙종 39)에 서원을 옮기고, 10월 3일에 위패를 이안하여 봉안하였다.

이때 묘호를 모현사慕賢祠라 하였고, 건물의 북쪽에 위치한 동재를 일신재日新齋, 남쪽의 서재를 시습재時習齋라 명명하였다. 강당은 명교당明敎堂이라 하고, 좌우 협실은 각각 의방재義方齋와 경직재敬直齋라 하였다. 정문은 진덕문進德門이라 하였으며, 전체 서원의 명칭은 구계서원龜溪書院으로 정하였다.

도동서원이란 명칭은 이미 현풍에 김굉필金宏弼을 제향하는 동일한 이름의 서원이 있었기에, 서원을 이건한 미질리 구계마을의 지명을 따라 서원의 이름을 변경한 것이다. 구계서원의 이안문과 상향축문은 김세흠金世欽(1649-1721)이 지었으며, 묘우의 상량문은 이재李栽(1657-1730)가 작성하였다.

1784년(정조 8) 이우표李宇標가 소수疏首로서 구계서원의 사액賜額을 청원하는 상소를 올렸으나, 이미 예안의 역동서원과 단양의 단암서원이 사액되었다는 이유로 성사되지 못하였다.[109] 비록 사액은 받지 못하였으나 유생들은 구계서원을 예안의 역동서원과 하나로 인식하였다. 이는 우탁을 독향하고 있으며, 색목色目이 동일하다는 점에서 기인한 것

108 우탁, 앞의 책, 권2, 事蹟, 「龜溪書院事蹟」.

109 『승정원일기』 정조 8년 5월 29일.

이다.

이러한 인식은 옥계서원玉溪書院이 금령禁令을 어겨 훼철되면서 철향된 김자수金自粹 · 김언기金彦璣 · 김팔원金八元 · 정사성鄭士誠의 추향 논의에서도 확인된다. 당시 구계서원과 본손은 이황이 역동서원에서 정주程朱의 제향을 거부한 사례를 들어 추향을 거부하였다.

1825년(순조 25)에는 도생서당을 건립한 배용길裵龍吉의 부친 배삼익裵三益의 추향 논의가 진행되었다. 이때 향론鄕論에서는 추향이 결정되었으나, 황간黃澗 · 상주尙州 · 비안比安 등지에 거주하는 우탁 후손들의 강력한 반발과 본손이 논의 과정상의 절차를 문제 삼으면서 결국 무산되었다.

1843년(헌종 9)의 류정원柳正源 추향 논의도 마찬가지였다. 후손들은 독향의 정규定規를 내세워 반대하였으나, 안동의 남인계 사림들은 공론을 사유로 이를 강행하면서 충돌하였다. 결국 류정원의 추향을 추진하던 호계서원 측은 구계서원을 사묘私廟로 선언하고, 『유안儒案』과 『원임안院任案』을 가져 가면서 수개월간 궐향闕享과 공원空院 사태가 발생하였다.[110]

이처럼 추향을 시도하는 유생들과 독향을 고수하려는 후손들 간의 시비는 향촌사회에서의 기득권을 둘러싼 갈등이었다. 사족으로서의 지위를 유지하기 위해 원사院祠 제향은 필수였던 상황에서, 금령으로 인해

110 구계서원 추향과 관련한 내용은 임노직, 「구계서원의 건립 과정과 추향」, 『역동 우탁의 삶과 학문』, 한국국학진흥원, 2020, 113~148쪽 참조.

기존 원사에 추향을 할 수밖에 없었다.

그러나 사액서원은 조정의 허가가 필요했기에, 비사액 서원 중 일정 수준의 위상을 갖춘 곳으로서 서원의 주도세력이 약한 곳을 선호하였다. 그렇기에 문묘종사대현에 준하는 격을 갖춘 우탁을 제향하고, 사액서원인 역동서원과 동일하게 인식되며, 뚜렷한 운영 주체가 없었던 구계서원은 유력 가문들의 추향 대상이 되었던 것이다.

이런 과정을 겪은 후 구계서원은 1868년(고종 5) 대원군의 서원 철폐령에 따라 훼철되었다. 이후 본손과 향내 유림의 공의公議에 따라 1896년(건양 1) 9월 19일에 강당인 독역재讀易齋만 복원하고, '구계서당龜溪書堂'이라 하였다.

우탁의 정신이 이어지도록 하소서

고려와 조선, 천년의 역사 속에서 도끼를 들고 대궐 앞에 꿇어 엎드려 상소를 올린 사례는 단 세 차례만 확인된다. 고려 말의 우탁禹倬, 조선 선조 대의 조헌趙憲, 그리고 고종 대의 최익현崔益鉉이 그 주인공이다. 이들은 모두 국가의 위기나 군주의 패륜적 행위에 분노하여, 목숨을 걸고 '지부복궐상소持斧伏闕上疏'라는 극단적 방식으로 간언을 시도했다.

1591년(선조 24), 도요토미 히데요시가 겐소玄蘇 등을 사신으로 보내 명나라로 가는 길을 빌려달라고 요구하자, 조헌은 충청도 옥천에서 상경하여 궐문 밖에서 3일간 상소를 올렸다. 그는 일본 사신의 목을 베어야 한다고 주장했지만, 조정은 이를 받아들이지 않았다. 조헌의 상소는 실행되지 않았지만, 그의 충절은 임진왜란 직후 의병을 일으켜 금산 전투에서 순절함으로써 실현되었다. 그의 행동은 우국충정의 상징으로 남았고, 후대에 문묘文廟에 종사從祀되었다.

1876년(고종 13), 일본과의 강화도조약 체결 소식이 전해지자, 최익현은 광화문 앞에서 일본 사신 구로다 교타카黑田淸隆의 목을 베라고 상소하였다. 그는 조헌의 사례를 따라 도끼를 들고 궐 앞에 엎드렸으며, 일본과의 화친은 금수禽獸와 같아 불가하다는 논리를 펼쳤다. 그의 상소는 위정척사衛正斥邪 사상의 대표적 실천으로 평가된다.

1308년(고려 충선왕 즉위년), 감찰규정監察糾正 우탁은 충선왕이 부왕인 충렬왕의 후궁 숙창원비淑昌院妃와 통간하자, 흰옷을 입고 도끼를 들고 거적자리를 짊어진 채 대궐로 들어가 극간極諫을 하였다. 이는 유자儒者로서의 절행節行을 단적으로 보여주는 사례였다. 주지하다시피 우탁은 퇴계에 의해 역동서원에 제향될 정도로 학문, 예의, 절조 등에서 탁월한 면모를 발현하였다.

> 국자좨주 우선생은 강직하고 굳센 자질이 빼어나고 성정誠正의 학문을 실천하였다. 부절符節을 차고 고을을 다스림에는 음란하고 비루한 풍속을 혁파하셨고, 홀을 바로 잡고 조정에 나아가 강직하게 직언하는 기풍을 엄정히 하였다. 그리하여 그 직도直道와 강절强節이 진실로 이미 한 시대를 떨쳐 빛났건만, 고상한 뜻을 품고 학문을 정밀하게 연구하여 경사經史에 널리 통달하였으며, 더욱이『주역』에 심취하여 정결하고 정미한 본체를 묵묵히 이해하여 문생들을 가르쳐서 의리의 학문이 처음으로 세상에 행해지게 하였다. 비록 문헌이 전하지 않아서 그 실마리의 만에 하나도 고찰할 수 없으나 빗장을 뽑고 비결을 풀어서 동방이학의 연원을 개창한 것이 실로 선생에게서 시작되었음을 속일 수 없는 것이다. 퇴도退陶 선생께서 선생의 수백 년 후에 나오셔서 기풍을 듣고 덕을 사모하여 비로소 표장表章하고 천양闡揚하셨다. 이윽고 공맹의 심학心學을 전한 분으로 추앙하여 사묘祠廟와 서원書院을 세울 것을 논의함으로써 후학들이 높은 덕에 보답할 수 있는 방도를 열어 주셨다. 그러니 선생의 도가 퇴계를 만나 더욱 드러날 수 있게 된 것이다. 이로부터 단양의 단암과 영해의 단산, 안동의 구계에 차례로 사당을 세워서 보향報享의 길을 넓혔다. 아! 선생의 위대한 덕과 큰 업적이 사람들에게 깊이 주입되지 않았다면 어떻게 이처럼 세월이 오래 흘렀는데도 더욱 공경할 수 있겠는가.[111]

위와 같이 이상정이 지은『상현록』서문에는 우탁의 강인한 자질과 빼어난 학문을 발언하면서 영해와 진주 목사로 부임하여 악습을 혁파한 위정자의 역할과 직언을 서슴치 않는 유자로서의 절행, 그리고『주역』을 널리 보급시킨 이학자로서의 면모를 부각하였다. 특히 의백지부衣白持斧로 상소한 절조와『주역』을 우리나라에 보급한 학문적 업적은 세인들의 주목을 끌었다.

유교적 가치관이 중심 이데올로기로 자리하였던 전근대기 군주와 신하의 관계는 '군신유의君臣有義'라는 말에서도 드러나듯이 매우 특별한 것이었다. 조정에 나아가 군주의 신하가 될 경우, 신하의 예를 다하여 군주를 섬긴다. 이때 신하의 예를 다한다는 것이 군주 개인에게 무조건 복종하는 것을 의미하지는 않는다. 신하로서 군주를 어떻게 섬겨야 할 것인가와 관련하여『맹자』진심상盡心上에는 다음과 같은 구절이 나온다.

> 군주를 섬기는 신하가 있기는 있다. 군주를 섬긴다는 것은 군주의 비위를 맞춰서 군주를 기쁘게 하는 것이다. 그러나 대인은 신하의 예를 갖춘다고

111 李象靖,『大山集』卷43,「尙賢錄序」. "祭酒禹先生, 挺剛毅之資, 躬誠正之學, 佩符莅郡, 則革淫穢之俗; 正笏立朝, 則厲謇諤之風。其直道勁節, 固已震耀一世, 而乃卷懷高蹈, 研精問學, 博通經史, 而尤深於易, 默契潔淨精微之體。敎授生徒, 使義理之學始行於世。雖其文獻無傳, 無以考其緖餘之萬一, 而所以抽關啓秘以開東方理學之淵源者, 實肇於先生, 不可誣也。退陶先生, 後先生且數百載, 而聞風慕德, 實始表章而闡揚之, 旣推爲孔、孟心學之徒, 議建祠院, 以開後學崇報之方。蓋先生之道, 得退陶而益著。自是以後, 丹之丹巖、寧之丹山、安之龜溪, 次第立廟, 以廣其報享之道。噫！非先生之盛德宏業有以入人之深, 烏能久而益虔如是哉."

하더라도 그의 행동은 도와 의에 의거한다. 그들은 자신을 바르게 함으로써 이 세상을 바르게 하고자 하는 사람이다.[112]

이를 통해 알 수 있듯이 군주와 신하 사이에 요구되었던 '올바름義'의 가치는 군주와 신하 모두에게 있어서 중요한 덕목으로 작용하였다. '지부복궐상소'는 바로 그러한 맥락에서 신하된 자가 임금에게 간언하여 올바름의 가치를 펴고자 했던 마음이 가장 지극하게 표현된 형태였다고 할 수 있다. 우탁의 지부상소에 대한 언급은 『고려사』 열전에 처음으로 나온다.

여러 번 승진하여 감찰규정監察糾正이 되었는데, 그때 충선왕忠宣王이 숙창원비淑昌院妃를 간음하니 우탁이 흰 옷 차림에 도끼를 들고 거적자리를 메고 대궐로 나아가 상소하여 거리낌 없이 간언하자, 근신近臣이 상소문을 펴들고는 감히 읽지 못하니, 우탁이 소리를 지르면서 말하기를, "경은 근신이면서도 (주상의) 잘못을 바로잡지 못하고 악행을 하시게 하여 이 지경에까지 이르게 되었으니, 경은 그 죄를 아는가" 라고 하였다. 이에 주변 사람들이 두려워서 벌벌 떨었고 왕도 부끄러운 기색이 있었다.[113]

112 『맹자』, 「진심상」. "有事君人者 事是君則爲容悅者也. 有安社稷臣者 以安社稷爲悅者也. 有天民者 達可行於天下而後行之者也. 有大人者, 正己而物正者也."

113 『고려사』 권109, 열전 권22, 제신, 〈우탁〉; 『고려사절요』 권23, 「충렬왕(5)」. 충렬왕 34년 10월 24일조. 이외에도 柳希春(1513~1577), 『續蒙求』; 沈光世(1577~1624), 「해동악부」; 黃宗海(1579~1642), 「東方名人事蹟諛聞大略」에서 우탁의 지부상소를 가장 먼저 소개하였다.

충렬왕이 1308년 7월 13일에 사망하고, 8월 28일에 충선왕이 등극을 한다. 충선왕은 10월 12일에 충렬왕을 경릉慶陵에 장사지내고, 24일에 김문연金文淵의 집에 가서 숙창원비와 간통하였다. 숙창원비는 충렬왕의 계비로, 충선왕에게는 서모이다. 그런데도 부친상 중에 어머니를 농락하다가 장례를 치르자마자 결국 어머니와 간통을 벌인 것이다.

인륜을 저버린 충선왕의 악행을 보고서도 측근의 신하들은 죽음이 두려워 아무도 나서지 못하였다. 그러나 우탁은 이를 방관하지 않고 흰옷차림에 도끼를 가지고 거적자리를 깔고 간언을 하였다. 우탁의 이런 행동은 목숨을 담보로 한 선비다운 절조이자 의행義行인 것이다. 흰옷은 자신의 죽음을 상징하는 상복이고, 도끼는 자신을 죽여달라는 것이며, 거적자리는 자신이 죽으면 거적에 말아서 아무 곳이나 버리라는 의미이다.

성호 이익李瀷(1681~1763)은 「백의지부白衣持斧」라는 시를 지어 충선왕의 비행을 신랄히 비판하고, 군자다운 절조를 보인 우탁의 절행을 칭송하였다.[114] 양촌陽村 권근權近(1352~1409)은 『동현사략東賢事略』에서 우탁의 행정가적인 면모, 언관으로서의 절행, 이학자로서의 업적 등을 중심으로 기록하고 있다.

李文載(1615~1689)는 「謏記」에서 주역을 널리 보급한 우탁의 학문적 업적과 충선왕의 실행에 지부상소한 쟁신의 풍모를 높이 기렸다.

114 이익, 『성호전집』 권8 해동악부, 「백의지부」.

공이 처음 급제하여 영해 사록에 임명되었다. 고을에 팔령八鈴이라는 요망한 신사神祠가 있었는데, 백성이 신괴한 데 현혹되어 제사받들기를 매우 번거롭게 하였으므로, 공이 이르자마자 부수어서 바다에 던지니 음사淫祠가 드디어 근절되었다. 여러 번 승진하여 감찰규정에 이르렀다. 당시에 충선왕이 내실內失이 있자 공이 백의白衣로 도끼를 들고 거적자리를 메고서 대궐에 나아가 소를 올려 과감하게 간하니, 근신이 소 읽기를 망설이므로 공이 목소리를 가다듬어, "경이 근신이 되어 능히 임금의 잘못을 바루어 과실을 구제하지 못하고서 봉악逢惡함이 이러하니 경은 자신의 죄를 아는가." 하니, 좌우가 두려워 떨었고 왕은 부끄러워하여 너그러이 용서하고 행실을 고치매, 온 나라 사람이 훌륭하게 여겼다. 뒤에 퇴관하여 복주福州의 예안禮安에서 노년을 보냈는데, 충숙왕이 그의 충의를 가상히 여겨 두 번 불렀으나 나아가지 않았다. 공은 경사經史에 통달하였고, 역학易學에 더욱 조예가 깊어 복서卜筮에 맞히지 않는 것이 없었다. 정전程傳이 처음 우리나라에 들어왔을 때에는 이해하는 이가 없었는데, 공이 문을 닫고 한 달 남짓 연구한 끝에 마침내 깨쳤다. 그리하여 생도生徒들을 가르치니 의리의 학이 비로소 시행되었다.[115]

많은 이들에 의해 우탁의 절행이 전해져오면서 지부상소는 선비의 절개를 드러내는 상징이 되었으며, 조헌과 최익현에게도 영향을 주었

115 권근, 『양촌집』 권35, 「동현사략」. "좨주 우탁".

던 것이다. 한편 우탁의 지부상소를 거울삼아 목숨을 건 상소를 올렸던 조헌이 1883년(고종 20) 문묘에 종사되었다. 그의 문묘종사는 임란당시 왜군에 맞서 전사하였던 전적을 드러내어 당시 외세의 침략에 대응한 여론을 결집하려는 의도가 강하였다.

이런 분위기 속에서 같은 해인 1883년(고종 20) 11월 12일 경기유생 이종유李鍾維 등이 우탁의 문묘종사를 청하였다.[116] 이들은 우탁의 학문과 절의가 문묘에 종사하는데 부족함이 없다고 주장하였으나 받아들여지지 못했다. 당시 우탁의 문묘종사 청원은 갑자기 등장한 것이 아니었다. 1810년(순조 10) 팔도의 유생들이 송환보宋煥普를 소두로 하여 우탁의 문묘종사를 처음 요청하였다.

> 팔도유생 송환보宋煥普 등의 상소에 대해 묘당에서 논리를 갖춰 품처하게 하라는 명이 있었습니다. 그 소본을 가져다 보니, 고려 좨주 문희공文僖公 우탁을 문묘文廟에 배향配享되게 해 달라는 것이었습니다. 우탁은 도학道學과 절의節義가 이미 승국勝國[고려]의 사승史乘[고려사]에 기재되어 있고 또 선배들의 정론定論이 많이 있으며 열성조에서 포후褒詡한 하교도 매우 정중하였습니다. 대개 그의 도학은 절학絶學을 제일 먼저 주창主唱하여 중화中華를 통해 오랑캐를 변화시킨 공이 있고, 절의는 자신이 직접 화기禍機를 밟으면서 면전에서 꺾고 조정에서 쟁론하는 기풍이 있었으니 진실로 우리나라

116 『승정원일기』 2918책, 고종 20년 11월 12일.

의 매우 뛰어난 현인賢人이라 할 수 있습니다. 그러나 문묘에 배향함에 있어서는 그 예禮가 지극히 중하고 그런 일이 매우 드물기 때문에 묘당의 한 두 신하가 쉽사리 논의할 일이 아닙니다. 이런 일은 더욱 어렵게 여기고 신중하게 처리하는 것이 실로 사체를 존중하고 사론을 중히 하는 뜻이 되겠기에 감히 이렇게 우러러 아룁니다.[117]

이들은 우탁의 도학과 절의가 이미 『고려사』에 기재되어 있고, 앞서 선배들의 정론定論과 열성조에서 포상한 이력이 많음을 알렸다. 즉 학문과 절의 모두 일세에 사표가 될만한 인물이라는 것이다. 이를 시작으로 1811년(순조 11)에는 사학四學유생 박기호朴基鎬 등이 팔도유생 송환보 등이 청원하였던 우탁의 문묘종사소에 대하여 동의하며, 우탁의 승무를 승인해달라는 상소를 올렸다.[118] 1812년(순조 12)에 다시 사학유생 유국환兪國煥 등이 우탁의 문묘종사를 청원하는 상소를 올렸고, 당시 동부승지 여동식呂東植(1774~1829)이 이들 상소의 봉입 여부를 문의하자 국왕이 봉입하도록 하였다.[119]

이에 1813년(순조 13) 2월 21일 예조에 유국환 등의 우탁 승무소에 대하여 매우 심대한 일이므로 대신들이 상의하라는 명이 있었다. 그러나 대신들은 우탁의 절의와 학문에 대해서는 이견이 없지만 승무는 일세一

117 『승정원일기』 1990책, 순조 10년 11월 24일, 29일; 『비변사등록』 200책, 순조 10년 12월 1일.
118 『승정원일기』 1996책, 순조 11년 윤3월 1일.
119 『승정원일기』 2021책, 순조 12년 11월 4일.

世의 공의公議가 필요한 일로서 한두 신하가 결정할 일이 아니라며 국왕에게 결정을 맡겼다. 이후 1818년(순조 18) 사학유생 신재경申在敬 등의 상소까지 이어졌으나 모두 무산되었고, 1883년의 청원도 받아들여지지 않았다.

1902년(광무 6) 봉상사제조奉常司提調 김태제金台濟는 선성先聖과 선현先賢의 위호位號를 바로 잡고 유교경전을 교정하자는 등의 정경부유론訂經扶儒論을 상소하였다. 그 상소 내용 중에는 선유先儒 가운데 고려조에는 최충崔冲·우탁이며, 조선에서는 정구鄭逑·김상헌金尙憲·서기徐起·송익필宋翼弼 등을 문묘에 종향해야 한다고 했다.[120] 김태제의 주장도 실현되지는 못하였다. 이처럼 우탁의 문묘 종향은 끝내 무산되었지만 그의 도학연원 상에서의 위상은 한말까지 이어지고 있었음을 알 수 있다.

120 『고종실록』 광무 6년 2월 5일.

참고 문헌

『명종실록』, 『중종실록』, 『선조실록』, 『숙종실록』, 『승정원일기』, 『세종실록지리지』
『高麗史』, 『列邑院宇事蹟』, 『書院謄錄』, 『丹邱雜記』, 『盈寧勝覽』, 『梅軒集』(琴輔), 『尙賢錄』, 『後彫堂先生文集』(金富弼), 『竹老集』(申活), 『錦溪集』(黃俊良), 『寒水齋集』(權尙夏), 『琴易堂集』(裵龍吉), 『退溪集』(李滉), 『梅村集』(琴詩述), 『月川集』(趙穆), 『鶴峯全集』(金誠一)

안동대학교 안동문화연구소 편, 『우탁 선생의 사상과 역동서원의 역사』, 1992.
영남대학교 박물관 편, 『역동우선생과 구계서원』, 2003.
윤희면, 『조선시대 서원과 양반』, 집문당, 2004.
이수건, 『영남사림파의 형성』, 영남대학교 출판부, 1980.
이수환, 『조선후기 서원연구』, 일조각, 2001.
정만조, 『조선시대 서원연구』, 집문당, 1997.
한국국학진흥원 편, 『역동 우탁의 삶과 학문』, 동인출판인쇄, 2020.
충북대학교 중원문화연구소, 『단양향교 자료집』 1, 2010.
__________, 『단양향교 자료집』 2, 2010.

김의환, 「조선후기 단양 사족의 동향과 평산신씨의 향촌사회 활동」, 『역사와 실학』 59, 역사실학회, 2016.
이병훈, 「16세기 안동지역 재지사족의 성장과 서당 건립 활동」, 『민족문화논총』 69, 영남대학교 민족문화연구소, 2018.
______, 「16세기 한국 서원의 출현과 정비」, 『한국서원학보』 10, 한국서원학회, 2020.
이수환, 「영해 인산서원의 설립과 훼철」, 『대구사학』 63, 대구사학회, 2005.
______, 「영남지역 퇴계문인의 서원건립과 교육활동」, 『국학연구』 18, 한국국학진흥원, 2011.
______, 「성주 영봉서원 연구」, 『역사교육논집』 54, 역사교육학회, 2015.
조준호, 「조선시대 단양지역 사족의 동향」, 『중원문화연구』 13, 충북대 중원문화연구소, 2010.

유교넷(http://www.ugyo.net)

한국의 서원 100선
○○③

역동서원

안동 최초의 서원

초판1쇄 발행 2025년 11월 30일

기획 한국국학진흥원 인문융합본부
지음 이병훈
사진 류종승

주간 조승연
편집 · 디자인 오경희 · 조정화 · 오성현 · 신나래 · 박선주 · 정성희
관리 박정대

펴낸이 오경희
펴낸곳 문예원
창업 홍종화
출판등록 제2007-000260호
주소 서울 마포구 토정로25길 41(대흥동 337-25)
전화 02) 804-3320, 805-3320, 806-3320(代)
팩스 02) 802-3346
이메일 minsokwon@naver.com
홈페이지 www.minsokwon.com

ISBN 979-11-90587-66-2
SET 979-11-90587-67-9 94380